I0125588

Artists of the Loom

The Ayacucho Weavers of Perú

Tom Sheeran

Copyright © 2014 by Tom Sheeran

All rights reserved. No part of this book may be used or reproduced in any manner whatsoever, including photographic or electronic means, without written permission; except in the case of brief quotations embodied in critical articles and reviews.

Reservados todos los derechos. Ninguna parte de este libro puede ser reproducida en cualquier medio, incluidos los medios fotográficos o electrónicos, sin el permiso por escrito; excepto en el caso de citas breves en artículos críticos y revisiones.

All images by the author, except as otherwise credited.
Todas las imágenes del autor, excepto acreditan lo contrario.

Costasur Publishing
2825 S. King St., Suite 303
Honolulu, HI, 96826, USA

Published in the United States

Library of Congress Number: 2014914448

ISBN: 978-0-9906735-0-7

Front Cover/*Cubierta frontal*:
"Wari Greek Key" (sun and shadow). Sheep's wool, 48 x 60", Alfonso Sulca, 2006
"Wari Grecas" (sol y sombra). 120 x 150cm, lana de oveja, Alfonso Sulca, 2006

Back Cover/*Contraportada*:
"Tiwanaku Condors." 35 x 39," alpaca, Alex Gallardo, 2013
"Cóndores Tiwanaku." 90 x 100 cm, alpaca, Alex Gallardo, 2013

Frontispiece/*Frontispicio*:
"Wari Diagonal Ducks," (detail). Sheep's wool, Emiliano Gallardo, 1990
Wari Patos Diagonal," (detalle). Lana de oveja, Emiliano Gallardo, 1990

For Eberhard Rotmann

Gentleman, Mentor, Friend
Caballero, mentor, amigo

1915 – 2002

Map of Perú / *Mapa de Perú*

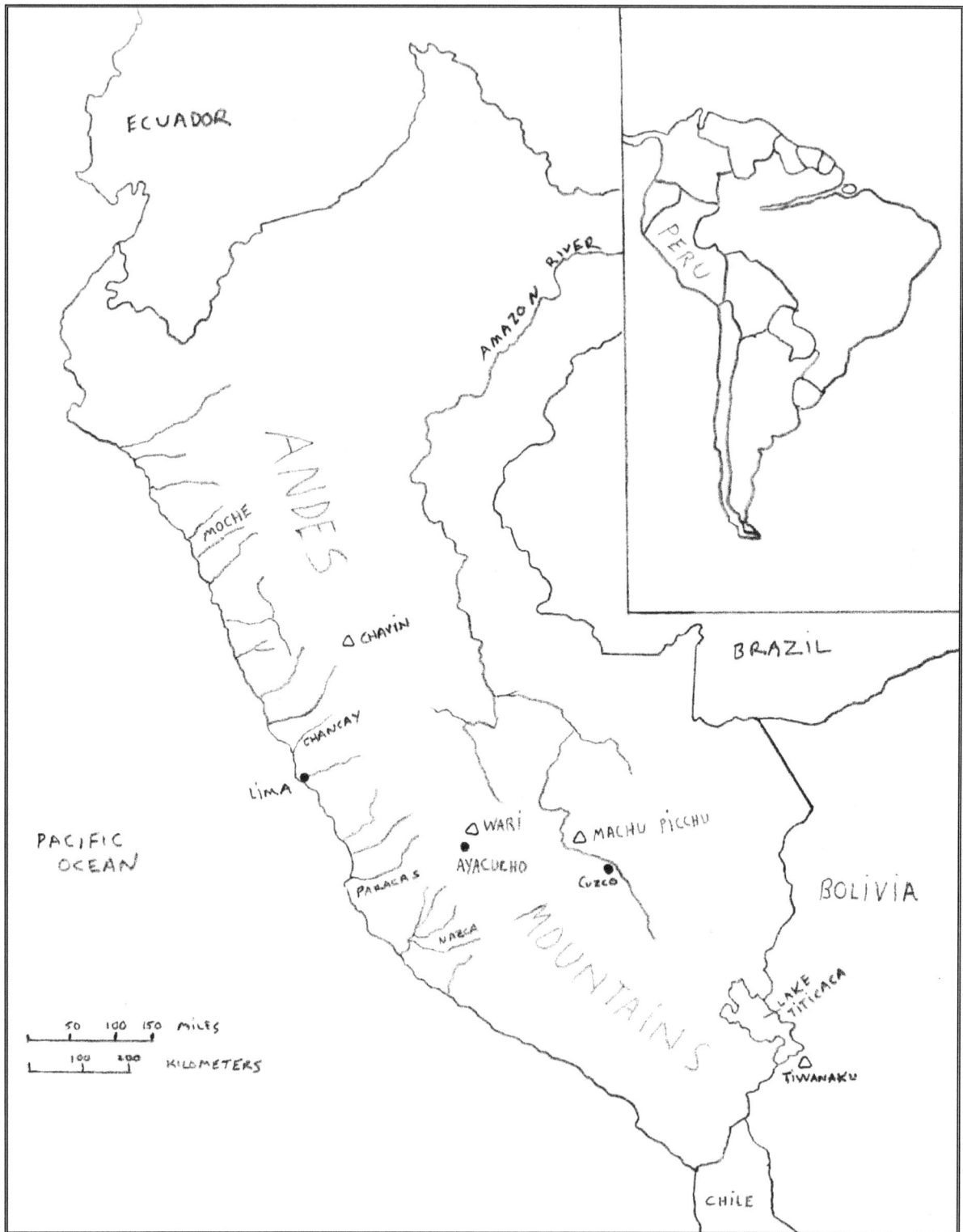

ECUADOR

PERÚ

AMAZON RIVER

ANDES

MOCHE

CHAVIN

CHANCAY

LIMA

PACIFIC OCEAN

WARI

AYACUCHO

MACHU PICCHU

CUZCO

PARACAS

NAZCA

MOUNTAINS

BRAZIL

BOLIVIA

LAKE TITICACA

TIWANAKU

CHILE

50 100 150 MILES

100 200 KILOMETERS

Contents /*Contenido*

Acknowledgments / *Agradecimientos*

I am grateful for the help of many individuals who assisted me in producing what I believe is the first detailed work on Ayacucho weaving. First, I must thank Roberto Rotmann who accompanied me to Ayacucho to interview the weavers and to learn all we could about the textile tradition there. His familiarity with the weavers and the handicraft business has been invaluable. Roberto's time away from his own work and family contributed greatly to the success of this project. Thankfully, the time we spent together strengthened rather than fractured our longstanding friendship.

In Perú, Professor José Ochatoma of San Cristóbal of Huamanga National University was most generous with his time, suggestions, and by sharing valuable materials. Fernando López of PromPerú and Raúl Rivera of Michell & Co. were helpful in providing images to illustrate the text.

Susan Bergh, curator of Pre-Columbian and Native American Art at the Cleveland Museum of Art, was helpful in directing me to resources about Wari textiles. Jeff Zilm of the Dallas Museum of Art and Juan Antonio Murro of Dumbarton Oaks helped with giving me permission to use images of ancient textiles from these important collections.

Liz Train of the Honolulu Museum of Art School provided much useful information about looms and weaving techniques. I'm especially indebted to Adele Chu for the Spanish translation, without which the book

Estoy agradecido por la cooperación de muchas personas que me han ayudado en la elaboración de lo que creo, es la primera labor detallada sobre el tejido en Ayacucho. En primer lugar, debo agradecer a Roberto Rotmann que me acompañó a Ayacucho para entrevistar a los tejedores y a aprender todo lo que pude sobre la tradición textil. Su familiaridad con el negocio de la artesanía y los tejedores ha sido de inestimable valor. Roberto quien pasó tiempo lejos de su propio trabajo y familia contribuyó en gran medida al éxito de este proyecto. Afortunadamente, el tiempo que pasamos juntos fortaleció nuestra amistad en vez de fracturarla.

En el Perú, el Profesor José Ochatoma de la Universidad Nacional de San Cristóbal de Huamanga fue muy generoso con su tiempo, sugerencias, y en compartir materiales valiosos. Fernando López de PromPerú y Raúl Rivera de Michell & Cia. me ayudaron mucho proporcionando imágenes para ilustrar el texto.

Susan Bergh, curadora de arte precolombino y arte nativo americano en el Museo de Arte de Cleveland, fue de gran ayuda orientándome con los recursos sobre los tejidos Wari.

Liz Train de la Escuela de Arte del Museo de Honolulu me dio siempre mucha información útil sobre técnicas de tejidos y telares. Jeff Zilm del Museo de Arte de Dallas y Juan Antonio Murro de Dumbarton Oaks ayudó con el permiso para usar las imágenes de textiles antiguos. Estoy agradecido a Adele Chu por la traducción al español, sin la cual el

would not be complete, and for reviews of the text by Kathee Hoover, Diego Rotmann, and Roberto Rotmann.

I'm especially grateful to Franco Salmoiraghi whose photography class provided the inspiration for this book, and the many friends including Michael Cheang, Linda Strong, Mary Flynn, Carlos Runcie Tanaka, Robyn and Aisha Buntin, and Mari Solari who encouraged me along the way.

Most of all I am indebted to the Ayacucho weavers for sharing their stories and their passion for the Santa Ana artistic tradition. Alfonso Sulca, Edwin Sulca, and Alfredo Jayo were very generous with their time. Máximo Laura obligingly found time to meet with me when both our schedules were very tight. He also provided me with images of his work to include in the text.

I especially appreciate the kindness of Alejandro Gallardo who went out of his way to demonstrate cochineal dyeing, and who I have felt honored to consider my friend ever since our first acquaintance in 1986. His son Alexander Gallardo has been most helpful in finding answers for many of my questions about family names and relationships among the weavers.

The interpretations and conclusions presented are my own. Any factual mistakes or misunderstandings are mine alone. I hope that others will be inspired to visit Ayacucho to better appreciate their weaving tradition and to bring it the recognition it rightfully deserves.

Tom Sheeran
Honolulu, August, 2014

libro no sería completo, y por las revisiones de texto de Kathee Hoover, Diego Rotmann, y Roberto Rotmann.

Estoy especialmente agradecido a Franco Salmoiraghi cuya clase de fotografía proporcionó la inspiración para este libro, y a los muchos amigos, incluyendo Michael Cheang, Linda Strong, Mary Flynn, Carlos Runcie Tanaka, Robyn y Aisha Buntin, y Mari Solari quienes me alentaron a lo largo del camino.

Sobre todo, estoy en deuda a los tejedores que compartieron sus historias y su pasión por las tradiciones artísticas de Santa Ana. Alfonso Sulca, Edwin Sulca, y Alfredo Jayo fueron muy generosos con su tiempo. Máximo Laura afortunadamente encontró tiempo para reunirse conmigo cuando nuestros ambos calendarios estaban llenos. También me proporcionó imágenes de su trabajo para incluirlas en el texto.

En especial aprecio la amabilidad de Alejandro Gallardo, que hizo tanto esfuerzo en demostrarme el tinte de cochinilla, y a quien he sentido muy honrado de contar como mi amigo desde nuestro primer encuentro en 1986. Su hijo Alexander Gallardo ha sido de gran ayuda en la búsqueda de respuestas a muchas de mis preguntas acerca de los nombres de la familia y las relaciones entre los tejedores.

Las interpretaciones y conclusiones que se presentan son mías. De hecho los errores o malentendidos son sólo responsabilidad mía. Espero que otros se sientan inspirados a visitar Ayacucho para apreciar mejor su tejido tradicional y a darle el reconocimiento que merece.

Preface / *Prólogo*

Many of life's significant events are connected by chance or good luck. My interest in the Ayacucho weaving tradition and my friendships with the talented weavers of the Santa Ana neighborhood is a good example of how fortuitous encounters can lead to life-changing experiences.

It was a lucky coincidence that brought me to appreciate Peruvian textiles. On my first trip to Perú in 1980, my only goal was to visit Machu Picchu and see the

Muchos eventos significativos en la vida son dados por chance o la buena suerte. Mi interés en la tradición del tejido ayacuchano y mis amistades con los tejedores artistas del barrio Santa Ana, son buenos ejemplos de cómo los encuentros fortuitos pueden llevar a experiencias que nos cambian la vida.

Fue una coincidencia afortunada lo que me trajo a apreciar los textiles peruanos. En mi primer viaje a Perú en 1980, mi único

Inca Stonework, Sacsayhuamán, Cuzco / *Mampostería Inca, Sacsayhuamán, Cuzco*

wonders of Inca stonework, a dream of mine since childhood. I had little interest in handicrafts or textiles.

objetivo era visitar Machu Picchu y ver las maravillas de mampostería Inca, un sueño desde la infancia. Yo tenía poco interés en la artesanía y los textiles.

By chance I met a fellow North American then living in Miraflores, the pleasant seaside suburb of Lima. He took me to *Los Álamos*, a well-known gallery of traditional handicrafts in Zárate, a remote district on the opposite side of the city. Among the profusion of fascinating folk art objects, ceramics, and jewelry, I was especially struck by the beauty of the many different textiles. I purchased a handsome Hualhuas blanket, hand woven in homespun alpaca that continues to grace my bed now, many years later.

When I reached Cuzco in the Inca heartland on that initial journey, I saw everywhere the rich colors and intricate patterns in the woven mantas and ponchos

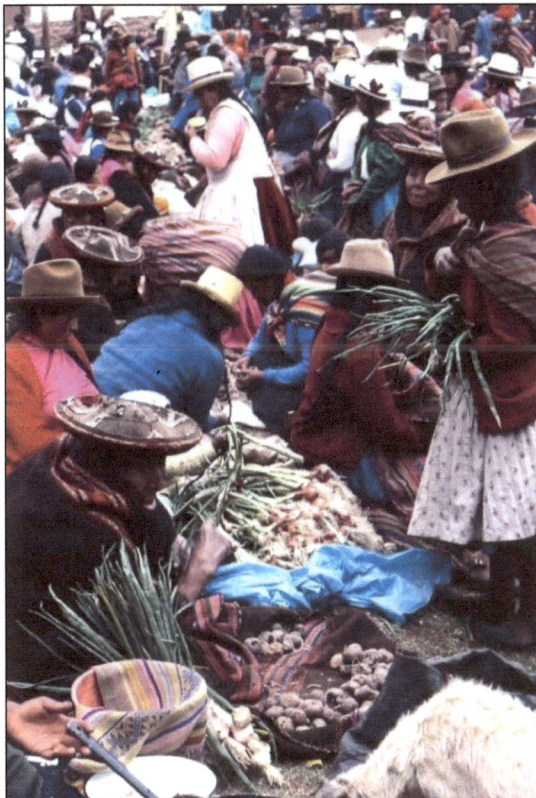

Sunday market, Chinchero, 1986
Mercado Dominical, Chinchero

worn by the locals. I began to appreciate the beauty and variety of traditional textiles even

Por casualidad me encontré con un colega norteamericano que vivía en Lima. Él me llevó a la galería *Los Álamos*, conocida por sus artesanías tradicionales en Zárate, un distrito remoto al lado opuesto de la ciudad. Entre la profusión de objetos fascinantes de arte popular, cerámica y joyería, me llamaban especialmente la atención varios tejidos que resaltaban por su belleza. Compré una bellísima manta Hualhuas, tejida a mano en alpaca hilada, que ahora, muchos años más tarde, luce sobre mi cama.

The first weaving I purchased: Hualhuas alpaca blanket

Mi primer tejido: manta alpaca de Hualhuas

Cuando llegué a Cuzco en medio de tierra Inca en ese primer viaje, vi en todas partes los ricos colores y patrones complejos de las mantas y ponchos tejidos llevados por los habitantes. Empecé a apreciar aún más la belleza y variedad de los textiles tradicionales. Regresando a Lima me compré muchos más tejidos de Los Álamos, esta vez tapices de Ayacucho con diseños geométricos simples en lana natural, para darlos como regalo a mis amigos en casa.

more. Back in Lima I bought several more weavings from Los Álamos, this time Ayacucho tapestries with simple geometric designs in un-dyed natural wool, and gave them as gifts to friends back home.

I returned to Lima in 1985 and revisited Los Álamos. Mari Solari, the daughter-in-law of the owner, remembered me and after consulting her records said, "You know, you have a $50 credit from five years ago!" Mari was in the process of opening *Las Pallas,* her own folk art gallery in Barranco, another seaside Lima suburb; she was at Los Álamos that day only by chance. We quickly became friends.

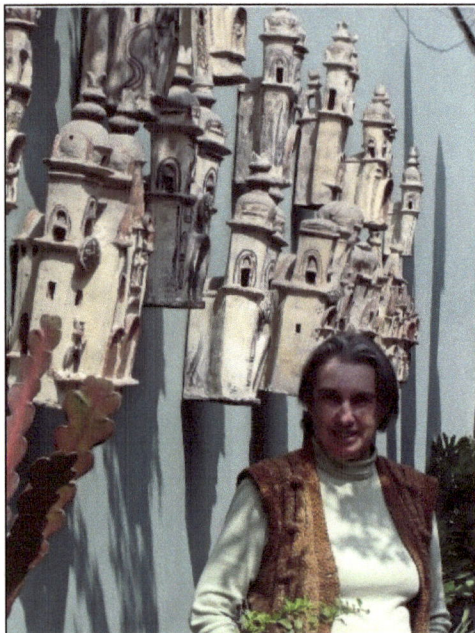

Mari Solari

I soon decided to begin importing Peruvian handicrafts and folk art, especially textiles, and sought a reliable exporter. Mari suggested Eberhard Rotmann, owner of *AAAALima (Artesanias Andinas Lima),* who had been in the business for many years. We hit it off well and established a business relationship and friendship that continues to this day with his son Roberto.

Volví a la ciudad de Lima en 1985 y visité nuevamente Los Álamos. Mari Solari, la nuera del propietario, se acordó de mí y después de consultar su registro dijo, "¡Sabe usted que tiene un crédito de $50 desde hace cinco años!" Mari estaba en el proceso de abrir *Las Pallas,* su propia galería de arte folklórico en Barranco junto al mar. Ese día ella estuvo en Los Álamos sólo de casualidad. Rápidamente nos hicimos amigos.

De pronto decidí importar artesanía peruana y arte folklórico, especialmente los textiles. Busqué un exportador fiable y Mari me sugirió a Eberhard Rotmann, propietario de *AAAALima (Artesanias Andinas Lima),* quien había estado en el negocio por muchos años. Nos caímos muy bien y establecimos una relación de negocios y amistad, que sigue hasta el día de hoy con su hijo Roberto.

Durante mi siguiente visita en el año 1986 me fijé más bien en los tejidos ayacuchanos, más sofisticados que el estilo antiguo, con complejos motivos vetustos y tintes naturales. Otra vez, por casualidad, asistí a una exposición de un joven tejedor de Ayacucho, Edwin Sulca, quien estaba teniendo una exposición en una galería en Lima. Me impresionaron mucho sus diseños intrincados con sutiles variaciones de colores, y me sentí preparado de visitar Ayacucho para ver a los tejedores en acción.

El año 1986 no fue un momento fácil para viajar a Ayacucho, ubicados en lo alto de la Cordillera de Los Andes y lejos de los habituales itinerarios turísticos. El movimiento guerrillero *Sendero Luminoso,* inspirado por los maoístas, había comenzado en la década 1970 y estaba firmemente establecido en la región. Ayacucho fue el centro de una creciente guerra civil. Atentados y asesinatos fueron hechos cotidianos.

During my next visit in 1986 I became particularly interested in Ayacucho weavings that were more sophisticated than the older style, featuring complex ancient motifs and natural dyes. Again by chance, I attended an exhibit by a young Ayacucho weaver, Edwin Sulca, who was having a gallery show of fine tapestries in Lima. I was struck by his intricate and subtle color variations; I felt drawn to visit Ayacucho to see the weavers in action.

1986 was not an easy time to travel to Ayacucho, high in the Andes and off the usual tourist itinerary. The Maoist-inspired *Sendero Luminoso* (Shining Path) guerilla movement had started there in the 1970's and was firmly established in the region. Ayacucho was at the center of a growing civil 'dirty war.' Bombings and assassinations were everyday events. None of the *AAAALima* staff wanted to risk the journey to accompany me so the boss himself decided to take me under his wing for the trip. At the time I didn't realize what a revered figure Eberhard Rotmann was among the artisans since he had been promoting and selling their work for many years.

When our flight arrived from Lima, the airport was ringed by barbed-wire and guards with machine-guns. We exited the plane between a double file of soldiers with their rifles at the ready and were quizzed by the secret police about the purpose for our visit. A heavy military presence greeted us at our hotel, in the main plaza, and at every turn. At night, the sound of bomb blasts interrupted our sleep.

In spite of the ominous situation, our visit was uneventful in terms of our safety. The weavers were honored and extremely grateful that we were enduring such risk to visit them. Only later did I understand the

Ninguno del personal de *AAAALima* quería arriesgarse en el camino y acompañarme, por lo que el mismo patrón decidió tomarme bajo su ala para el viaje. En el momento no estaba yo consciente de cómo la figura de Eberhard Rotmann era reverenciada entre los artesanos como alguien que les había promovido y vendido sus obras por muchos años.

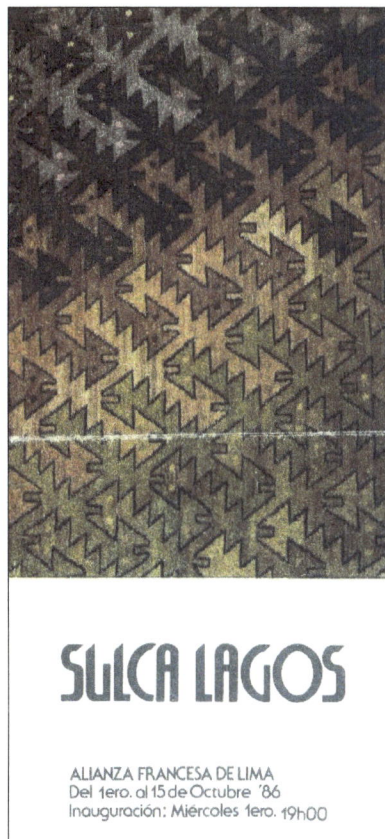

SULCA LAGOS

ALIANZA FRANCESA DE LIMA
Del 1ero. al 15 de Octubre '86
Inauguración: Miércoles 1ero. 19h00

Brochure for Edwin Sulca's Lima exhibition 1986

Folleto para la exposición de Edwin Sulca en Lima, 1986

Cuando nuestro vuelo de Lima aterrizó, el aeropuerto estaba rodeado de alambradas y guardias con ametralladoras. Salimos del avión entre una doble fila de soldados con sus fusiles cargados, y fuimos interrogados por la policía secreta sobre el propósito de nuestra visita. Una fuerte presencia militar nos dio la bienvenida en nuestro hotel, en la plaza principal, y a cada paso. Por la noche, el sonido de explosiones de bombas interrumpió el sueño.

even greater risks the artisans faced every day, caught in the middle of a dirty war between the Sendero and the military.

Nonetheless, my first visit to Ayacucho left a powerful impression on me. I met Alejandro Gallardo and his brother, Emiliano, who had homes side by side facing the plaza in Santa Ana, the neighborhood of Ayacucho where the weavers lived and worked.

Emiliano Gallardo, 1986

These were talented young weavers each of whom produced handsome tapestries. Alejandro was the more serious and precise of the two, creating elegant pre-Hispanic designs, while Emiliano was more easy-going, but able to produce subtle colors in his yarns that no other artisan could match. I saw every stage of the weaving process from spinning the yarn, gathering vegetal dyes in the countryside, the dyeing, and the tireless work on the loom to produce the finished pieces. I also visited with Edwin Sulca, now back from his Lima exhibition. I left Ayacucho with a greater appreciation for the creativity of these

A pesar de la nefasta situación, nuestra visita fue tranquila en términos de nuestra seguridad. Los tejedores se sintieron honrados y muy agradecidos de que los hayamos visitado, considerando los riesgos. Sólo más tarde, entendí que los artesanos enfrentaban riesgos aún mayores cada día, atrapados en medio de una guerra sucia entre el Sendero y los militares.

Sin embargo, mi primera visita a Ayacucho, fue especialmente memorable para mí y me dejó con una impresión profunda. Conocí a Alejandro Gallardo y su hermano Emiliano, quienes vivían uno al lado del otro en frente de la plaza de Santa Ana, el barrio de Ayacucho donde los tejedores vivían y trabajaban. Estos eran tejedores jóvenes de mucho talento, cada uno capaz de producir bellos tapices.

Alejandro Gallardo, 1986

De los dos hermanos, Alejandro me impresionó como el más serio y preciso, creando elegantes diseños prehispánicos. Emiliano tenía un estilo más relajado, pero con colores sutiles en su hilo sin igual. Vi cada una de las etapas del proceso de tejer: hilar la lana en hilo, recoger los tintes vegetales en excursiones por el campo, la tintura y el

talented artists, and their steadfast endurance of the difficulties of daily life.

It was many years before I could visit Ayacucho again. The civil war became more intense, spreading to Lima itself, and it wasn't safe to visit Peru, let alone Ayacucho. Thanks to Eberhard Rotmann and his dedicated staff, I continued to order and sell weavings and other handicrafts in galleries and museum shops. Finally in 1992, with the capture and imprisonment of the Sendero leaders, the movement collapsed and peace returned.

On recent visits, Ayacucho is a pleasant city, enjoyable for its beautiful colonial churches, important archeological sites, abundant artisanship, and friendly

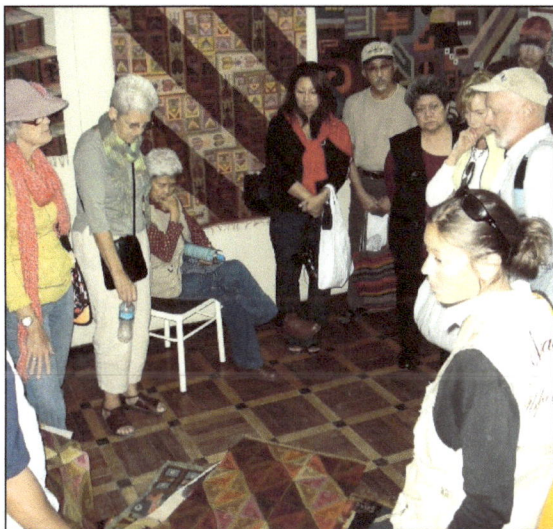

Visitors in Alejandro Gallardo's workshop
Visitantes en el taller de Alejandro Gallardo, 2008

people. New restaurants and hotels welcome visitors, especially during spectacular Holy Week events. Santa Ana is again a quiet neighborhood. Children attend school next to the church and play *fútbol* in the dusty plaza. Tourist vans stop and unload small groups of visitors seeking handicrafts from the vendors who have set up stalls around the plaza. The

trabajo incansable en el telar para producir las piezas acabadas. También pude visitar a Edwin Sulca, ya de vuelta de su exposición en Lima. Salí de Ayacucho con un mayor reconocimiento de la creatividad de estos artistas talentosos y su firmeza en enfrentar las dificultades de la vida cotidiana.

Pasaron muchos años antes de que yo pudiera volver a Ayacucho. La guerra sucia se hizo más intensa, extendiéndose hasta Lima. No me pareció seguro visitar el Perú ni mucho menos Ayacucho. Gracias a Eberhard Rotmann y su dedicación personal, seguí solicitando y vendiendo tejidos y otras artesanías en galerías y las tiendas de museos. Finalmente, en 1992, con la captura y encarcelamiento de dirigentes el Sendero, el movimiento se derrumbó y la paz volvió a reinar.

En visitas recientes, Ayacucho es ahora una ciudad agradable, con sus hermosas iglesias coloniales, abundantes sitios arqueológicos importantes y gente amigable. Nuevos restaurantes y hoteles dan la bienvenida a los visitantes, especialmente durante Semana Santa, cuando los eventos son espectaculares.

Santa Ana es de nuevo un barrio tranquilo. Los niños asisten a la escuela y juegan fútbol en la plaza. Camionetas de turismo paran a descargar pequeños grupos de visitantes que buscan artesanías de los proveedores que han establecido puestos alrededor de la plaza. Los tejedores trabajan como siempre lo han hecho, pero ahora sin temer por su seguridad y con mayor esperanza en el futuro.

No es por casualidad que han conseguido capear la tormenta de violencia y

weavers work as they always have, but now without fear for their safety, and with greater hope for the future.

It is not by chance that they have succeeded in weathering the storms of violence and hardship, but through dedication and persistence they continue the rich tradition of artisanship handed down from their ancestors. It is my hope that by sharing my admiration for them and their artistry, a wider audience will come to know about their lives and appreciate the excellence of the beautiful weavings they create.

dificultades, sino que a través de la dedicación y persistencia, ellos continúan con la rica tradición de artesanía de sus antepasados. Espero que al compartir mi admiración por ellos y su talento artístico, un público más amplio vaya a conocerlos y apreciar sus vidas y la excelencia de los hermosos tejidos que crean.

Ayacucho's Main Plaza/*Plaza de Armas o Plaza Sucre, Ayacucho*, 2013

"Wari Greek Key" (sun and shadow). 48 x 60," sheep's wool, Alfonso Sulca, 2006
"Wari Grecas" (sol y sombra). 120 x 150cm, lana de oveja, Alfonso Sulca, 2006

Santa Ana Festival Procession/*Procesión del festival de Santa Ana*
Courtesy/*Cortesía de* Alejandro Gallardo

1 Santa Ana

Morning comes early to the Santa Ana neighborhood, ten blocks from the center of downtown Ayacucho. The weaver's quarter sits up a steep hillside facing east, so the rising sun reaches it before it bathes the rest of the city in light. Modest homes of adobe walls and thatched roofs dot the nearby slopes, while more substantial buildings of brick and tile surround the square.

It is a quiet time. Mothers prepare a simple breakfast, often just a plain roll, and coffee lightened with milk and sweetened with sugar. Children dressed in grey uniforms are hurried out the door to the big school building next to Santa Ana church, towering over the barren plaza.

Edwin Sulca walks from his large home on the plaza just opposite the church to the shop at the corner where he chats with neighbors. He has just returned from a business trip to Lima and is catching up on local news. He exchanges greetings with several men who pass by but continue walking down toward the city center to their jobs.

Women soon follow the same route to the main market to have the best selection of fresh local vegetables as well as bananas, pineapples, and papayas from the jungle. They may choose among dozens of varieties of potatoes brought from the surrounding villages, corn with enormous white kernels, and locally made cheeses. It is Friday, so the seafood vendors have loads of silvery fish from the coast, as well as fresh trout from mountain lakes and streams.

Llega la mañana temprano para el barrio de Santa Ana a diez cuadras del centro de la ciudad de Ayacucho. El barrio de los tejedores se sienta en una empinada ladera que mira al oriente, por lo que el sol llega ahí antes de bañar el resto de la ciudad con luz. Casas modestas con paredes de adobe y techos de paja son vistas en las colinas cercanas, mientras que los más importantes edificios de ladrillos y baldosas rodean la plaza.

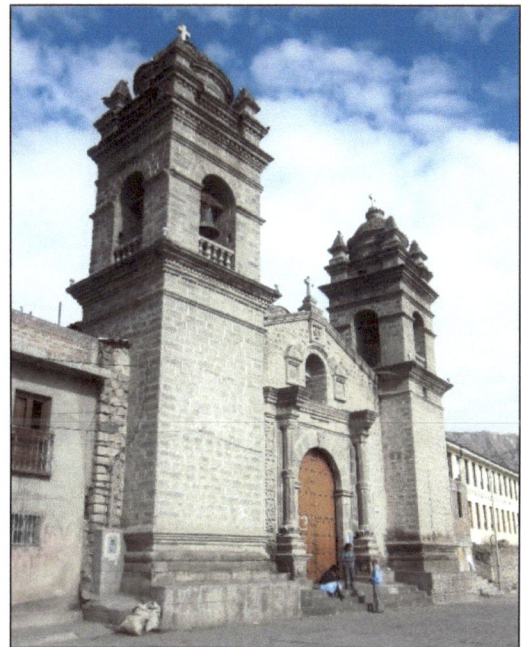

Santa Ana Church/*Iglesia de Santa Ana*, 1569

Es un momento de tranquilidad. Las madres preparan un desayuno sencillo, a menudo sólo un simple pan y café con leche endulzado con azúcar. Niños vestidos con uniformes grises se apresuran a la puerta del gran edificio de la escuela que queda junto a la iglesia de Santa Ana que domina la plaza desierta.

Some early risers are eating hearty breakfasts at tiled counters that line the wall of the city market nearest the street. Savory aromas swirl around huge stew pots tended by women vendors who call out enthusiastically

Juice vendor - Ayacucho city market
Vendedor de jugos - mercado de Ayacucho

to potential customers, "¡Comida… Rica… Saboroso – Food…Tasty…Delicious!" Not wanting to miss a single passing patron, other market workers eat alone, sitting quietly in their stalls.

Alejandro Gallardo opens his front door facing the Plazuela Santa Ana, just two houses over from the Sulca's, and begins selling milk, bread, coffee, and soda from his tiny shop. After his wife Maria Antonieta finishes preparing his breakfast, she takes over tending the store. Then Alejandro goes through his narrow gallery space, hung with marvelous weavings, to the workshop at the back of the house. There he gets busy working on a large, half-finished tapestry with an Inca Calendar design rich in gold, purple, and indigo.

Alfredo Jayo walks from his home perched on the edge of the *arroyo* (dry gully) down to the main city marketplace to buy

Edwin Sulca camina desde su casa en la plaza justo enfrente de la iglesia hacia la tienda de la esquina donde charla con unos vecinos. Él acaba de regresar de un viaje de negocios a la ciudad de Lima y se está poniendo al día sobre las noticias locales. Intercambia saludos con varios hombres que pasan pero siguen caminando hacia abajo, hacia el centro de la ciudad a sus puestos de trabajo.

Las mujeres pronto siguen la misma ruta hacia el mercado principal para tener la mejor selección de vegetales frescos, así como los plátanos, piña y papaya de la selva. Pueden elegir entre docenas de variedades de papas de los pueblos alrededores, maíz con enormes granos blancos y quesos locales. Es viernes, así que los vendedores de productos marinos tienen montones de peces plateados de la costa, así como truchas frescas de lagos, montañas y ríos.

Algunos madrugadores están comiendo abundantes desayunos en los mostradores de azulejos que recubren la pared del mercado de la ciudad, cercana a la calle. Aromas sabrosos rodean grandes potes de guiso atendidos por mujeres que claman con entusiasmo a clientes potenciales, "¡Comida… Rica... Sabrosa!" No quieren perder ni un solo patrón, otros trabajadores del mercado comen solos, sentados tranquilamente en sus puestos.

skeins of wool for a weaving order. He also purchases a small bag of cochineal which he will use to create rich ruby, scarlet, and sienna colors for his project. Meanwhile, his wife begins sewing small bags finished with embroidery that a friend sells to tourists from a stall in the nearby plaza.

Alfonso Sulca wakes up later, as befits an elder approaching his eighth decade of life. He welcomes his young apprentice Romel, and sets him to work on a weaving with an elaborate geometric *tocapu* motif intended for an upcoming exhibition.

Romel Escarsena; Alfonso Sulca's workshop
Romel Escarsena; el taller de Alfonso Sulca, 2013

His back often aches when he works at the loom since a serious traffic accident nearly killed him, but he has lost none of his spirit. His voice is strong as he discusses a new tapestry design with visitors. His wife

Alejandro Gallardo abre su puerta delantera frente a la Plazuela Santa Ana, a sólo dos casas más allá de las Sulcas, y comienza la venta de leche, pan, café y refrescos de su pequeña tienda. Su esposa María Antonieta, después de prepararle el desayuno, se encargará de cuidar la tienda. Entonces, Alejandro pasa por su estrecha galería, colgado con maravillosos tejidos, hacia el taller que queda detrás de la casa. Allí, se ocupa de un gran trabajo casi terminado, un tapiz con un diseño del Calendario Inca en colores preciosos de oro, púrpura e índigo.

Alfredo Jayo camina desde su casa al borde del arroyo seco (barranco) hasta el mercado principal de la ciudad para comprar madejas de lana para tejer una orden. También compra una bolsa pequeña de cochinilla que utilizará para crear colores brillantes de rubí, escarlata, y siena para su proyecto. Mientras tanto, su esposa empieza a coser bolsitas pequeñas terminadas en bordados que una amiga venderá a turistas desde un puesto en la plaza cercana.

Alfonso Sulca, "Grand Master of Peruvian Handicrafts"

Alfonso Sulca, "Gran Amauta de la Artesania Peruana," 2006

Alfonso Sulca se despierta más tarde, como corresponde a un anciano acercando su 8ª década de vida, pero pronto da la bienvenida a su joven aprendiz Romel, y le pone a trabajar en un tejido con motivo *tocapu* muy elaborado para su próxima exposición. Le duele a menudo la espalda al trabajar en el telar después de un grave accidente de tráfico

Doña Elena appears to offer Alfonso's guests coffee and soft drinks with true Ayacucheño hospitality

These Ayacucho weavers of Santa Ana have a rich community life that revolves around work, family, and religious festivals. They have a long tradition of artisanship that goes back many centuries to the ancient Wari and Inca peoples who ruled here long ago. The modest homes and dusty plaza give no hint of the beautiful weavings created behind these walls.

Ayacucho is situated in an Andean valley at an elevation of 2800 meters, about halfway between Lima, the modern capital on the Pacific coast, and Cuzco, the ancient Inca capital. Today the region is relatively poor, with most inhabitants engaged in subsistence farming of corn, potatoes, and other traditional crops, or herding sheep, llamas, and alpaca.

Corn Harvest Retablo, 5 x 5" by Luis and Julia Huamani/*Cosecha de maíz, 13 x 14 cm, Luis y Julia Huamani, 2006*

Handicrafts are a strong tradition. In addition to weaving, *retablos* – colorful wooden boxes filled with painted paste figures in scenes of everyday life – are very popular

en el que casi murió, sin embargo él no ha perdido nada de su espíritu. Su voz es firme cuando comenta sobre un nuevo diseño de tapices con visitantes. Su esposa, Doña Elena, aparece para ofrecer a sus huéspedes café y refrescos en verdadera hospitalidad ayacuchana.

Estos tejedores ayacuchanos de Santa Ana tienen una vida comunitaria muy rica que gira alrededor del trabajo, la familia y las fiestas religiosas. Tienen una larga tradición de la artesanía que se remonta a muchos siglos cuando los antiguos pueblos de Wari e Inca gobernaron aquí hace mucho tiempo atrás. Las casas modestas y la plaza polvorienta no dan ninguna indicación de los hermosos tejidos creados detrás de estas paredes.

Huamanga Stone/*Piedra de Huamanga*

Credit/*Crédito : Gihan Tubbeh, PromPerú*

Ayacucho se encuentra situado en un valle andino a una altitud de 2800 metros de altura, a mitad de camino entre Lima, la moderna capital de la costa del Pacífico, y Cuzco, la antigua capital Inca. Hoy en día, la región es relativamente pobre, con la mayoría de los habitantes dedicados a una agricultura de subsistencia: de maíz, papas y otros cultivos tradicionales, o pastoreando ovejas, llamas y alpacas. Las artesanías son una tradición muy fuerte. Además del tejido, *retablos*, o cajas coloridas de madera rellena de figuras pintadas de goma, en escenas de la vida cotidiana, son muy populares y Ayacucho

and Ayacucho is the center of production. Ceramics from nearby La Quinua village and the carving of Huamanga stone, a form of alabaster, are highly prized.

The city, which retains much of its colonial character, was founded as *San Juan de la Frontera de Huamanga* by conquistador Francisco Pizarro in 1540. Wealthy landowners built handsome mansions facing the main plaza during more prosperous times and endowed many of the 33 colonial-era churches for which Ayacucho is known. The name was officially changed to Ayacucho in 1824 after victory in the final battle in the war for independence from Spain which took place nearby.

Colonial Doorway, 1741/*Puerta Colonial, 1741*

The biggest event of the year is *Semana Santa* – Holy Week – which brings thousands from the surrounding region and from all over Peru to celebrate the most traditional version of this important series of Catholic rites. For ten days images of the saints are paraded through the streets, crowds attend services in the churches, throng the plazas, or march in accompaniment of the saints. The final dramatic event is the Easter morning dawn procession of the resurrected Christ. His image is mounted atop a huge white

es el centro de producción. Cerámicas de La Quinua, un lugar cercano, son muy apreciadas, tal como la talla de piedra de Huamanga, un tipo de alabastro.

La ciudad, que conserva mucho de su carácter colonial, fue fundada como *San Juan de la Frontera de Huamanga* por el conquistador Francisco Pizarro en 1540. Ricos propietarios construyeron mansiones hermosas frente a la plaza principal en momentos más prósperos y dotaron muchas de las treinta y tres iglesias coloniales por las cuales Ayacucho es reconocida. El nombre fue cambiado oficialmente a Ayacucho en 1824 después de la victoria en la batalla final en la guerra de independencia contra España, que ocurrió cerca del lugar.

El mayor evento del año es *Semana Santa,* evento que reúne a miles de la región que la rodea y de todo el Perú para celebrar la versión más tradicional de esta importante serie de ritos católicos. Durante diez días las imágenes de los santos se pasean por las calles, las multitudes asisten a los servicios en las iglesias, atestan las plazas, o marchan en acompañamiento de los santos.

El último acontecimiento dramático es la procesión del Cristo resucitado al amanecer del día de Pascua. Su imagen está montada encima de una enorme pirámide blanca cubierta de brillantes velas y llevado en triunfo alrededor de la plaza principal.

Para los tejedores del barrio Santa Ana, la fiesta de su santa patrona es igual o incluso más importante. La iglesia de Santa Ana, fundada en 1569, fue, durante muchos años, la catedral de la ciudad, pero esta designación se cambió, supuestamente después de un accidente. Cada año, las imágenes de cuatro importantes santos salen

pyramid covered with glowing candles and carried in triumph around the main square.

For the weavers of the Santa Ana neighborhood, the festival of their patron saint is equally or even more important. The church of Santa Ana, founded in 1569, was for many years the city's cathedral, but that designation was changed, supposedly after an accident. Every year a procession would bring the images of four important saints from their home parishes to honor Santa Ana during her festival. Legend has it that one year the image of San José, carried by members of his congregation who may have celebrated beforehand with too much *chicha* (corn beer), tumbled into the arroyo as they climbed toward the plaza. After this terrible omen the bishop decided to move his seat to the larger church on the main city square where it remains today.

Ayacucho Plaza, Cathedral, 1847
Credit/*Crédito: Léonce Angrand, Archivo de Torre Tagle*

However, the festival of Santa Ana, a five-day celebration in August honoring the mother of St. Mary, remains a favorite of many Ayacucheños. In addition to processions and feasting, there is also a bullfight.

Each year, a prominent member of the neighborhood is chosen as *mayordomo* (master of ceremonies) to oversee all the

Procession of Christ Resurrected
Procesión de la aurora con el Señor de la Resurrección
Credit/*Crédito:* Gihan Tubbeh, PromPerú

de sus parroquias para una procesión en honor a Santa Ana durante su fiesta. Cuenta la leyenda que un año la imagen de San José, cargado por los miembros de su congregación que habían celebrado previamente con demasiada chicha (cerveza de maíz), cayó en el arroyo cuando estaban subiendo a la plaza.

Ayacucho Plaza, Cathedral, 2013

Después de este terrible augurio, el obispo decidió trasladar su sede a la iglesia

events. This individual incurs great expense to provide food and drink for numerous festivities, but this role, if successfully performed, raises his status to that of respected elder with life-long prestige.

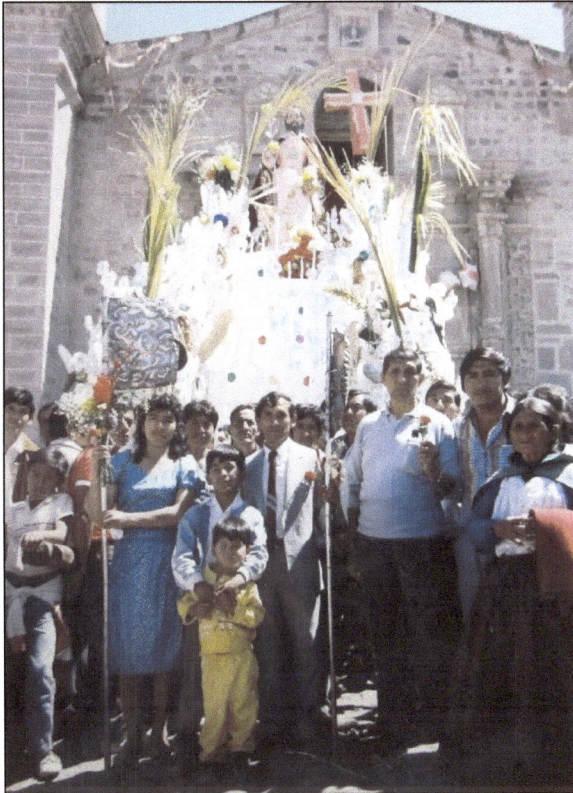

Alejandro Gallardo (center/*centro*), Mayordomo 1983; Courtesy/*Cortesía de* Alejandro Gallardo

The mayordomo often goes into significant debt that might take years to pay off, but the importance of fulfilling this responsibility supersedes all other considerations. Honoring the saint who protects the community and hosting the ceremonies that bring all residents together gives meaning to their lives that cannot be measured in dollars. Santa Ana retains many traditions that are being lost in other areas.

más grande en la plaza principal de la ciudad donde permanece en la actualidad.

Sin embargo, el festival de Santa Ana, una celebración que dura cinco días en el mes de agosto en honor a la madre de la Virgen, sigue siendo el favorito de muchos ayacuchanos. Además de las procesiones y de la fiesta, también hay una corrida de toros. Cada año, un miembro prominente del barrio es elegido como *mayordomo* (maestro de ceremonias) encargado de supervisar todos los eventos. Este individuo incurre grandes gastos para proporcionar comida y bebida para numerosas festividades, pero este papel, realizado con éxito, plantea su condición a la de anciano respetado con una vida prestigiosa.

El mayordomo con frecuencia se endeuda considerablemente. Puede tomar años para pagar por todo, pero la importancia de cumplir con esta responsabilidad tiene precedencia sobre todas las demás consideraciones. Cumplir con el santo que protege la comunidad y servir de anfitrión en las ceremonias que reúnen a todos los residentes, da sentido a sus vidas que no se mide en dólares. Santa Ana aún conserva muchas de las tradiciones que se han perdido en otras áreas.

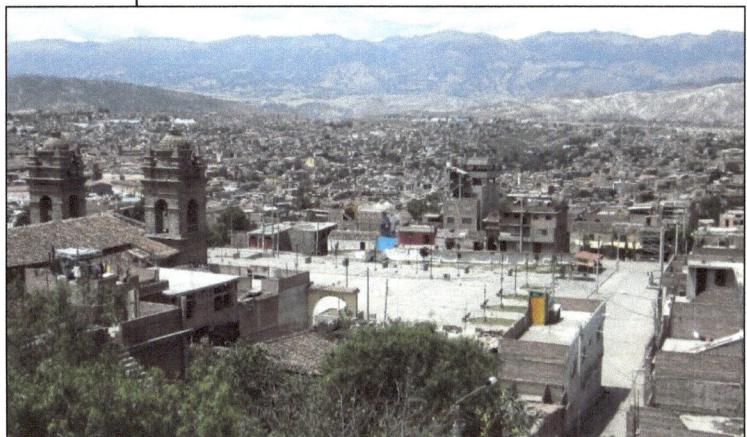

Santa Ana Plaza and Ayacucho/*Plazuela Santa Ana con Ayacucho*

2 Ancient Legacy/*Antiguo legado*

When the Spanish conquistadors arrived in Peru in 1532, they were astonished at the brilliant colors and superb quality of the clothing worn by the Inca elite.

Inca captured by Spanish/*Inca capturado por españoles*, Guamán Poma de Ayala, 1615

Their chronicles recorded that the fabrics worn by high-ranking nobles or given as valuable gifts were far finer than anything made in Europe. While they recognized the superiority of the weaving done for the Inca royalty, they did not realize that in previous eras native artisans had produced even more impressive textiles.

Cuando los conquistadores españoles llegaron a Perú en 1532, se sorprendieron por los colores brillantes y la excelente calidad de la ropa que usaban los Incas nobles. Sus crónicas de la época describen que las prendas usadas por nobles de alto rango o dado como valiosos regalos, eran mucho mejor más finas que cualquier cosa hecha en Europa. Aunque reconocieron la superioridad del tejido hecho por la realeza Inca, no se dieron cuenta de que en épocas anteriores los artesanos nativos habían producido textiles aún más impresionantes.

El tejido tradicional en el Perú se remonta a miles de años. Hay evidencia de fibras hiladas desde 8.000 AEC (antes de la Era Común), y en 3.000 AEC sofisticados textiles se producían en las zonas costeras, incluso antes del desarrollo de la cerámica. Debido a las condiciones extremadamente secas en estas costas y a las prácticas funerarias que usaban grandes cantidades de paño fino para enrollar los cuerpos de los fallecidos, muchos tejidos fueron descubiertos en tumbas antiguas, en un notable estado de conservación.

Tejidos antiguos recuperados de entierros en el desierto son a veces de increíble belleza y complejidad técnica. La calidad de las creaciones acabadas era de mayor importancia. Una gran túnica o manto podría requerir miles de horas de trabajo para hilar, teñir y tejer. La ropa nunca fue concebida como los sastres de estilo

The weaving tradition in Peru goes back thousands of years. There is evidence of spun fibers as early as 8,000 BCE (before the Common Era), and by 3,000 BCE sophisticated textiles were being produced in coastal areas, even preceding the development of ceramics. Due to the extremely dry conditions along these coasts and burial practices that included quantities of fine cloth wrapping the bodies of the deceased, many weavings are discovered in ancient graves, often in a remarkable state of preservation.

Ancient weavings recovered from desert burials are often of incredible beauty and technical complexity. The quality of the finished creation was most important. A large tunic or mantle might require thousands of hours of labor for spinning, dyeing, and weaving. Clothing was never tailored as in Western custom, but shaped and completed on the loom, or pieced together from separate finished elements. As different cultures developed independently, wide variations in style and decoration became common. When great empires united diverse communities, their dominant motifs and symbols were spread widely.

The earliest textiles discovered in Peru are crude baskets made from plant fibers. Nets of native cotton were used to harvest or carry seafood from rich coastal waters. From this humble beginning, textiles grew in variety, intricacy and significance. In the Andean highlands, skins and fibers from members of the South American camel family (llama, alpaca, and vicuña) which grazed in large herds, provided warm clothing. As time passed, the indigenous peoples of both

occidental, sino que se formaba y se terminaba en el telar, o fue hecha de una combinación de diferentes piezas terminadas. Como las distintas culturas se desarrollaron de forma independiente, fue común una gran variación en estilo y decoración. Y cuando los grandes imperios unían diversas comunidades, sus símbolos y motivos dominantes se difundieron ampliamente.

Los primeros textiles descubiertos en el Perú fueron cestas crudas hechas de fibras vegetales. Redes de algodón nativo fueron utilizadas para la extracción de mariscos de las aguas costeras abundante en peces. De este humilde comienzo, los textiles crecieron en variedad, complejidad y significancia. En las tierras altas de los Andes, pieles y fibras de los miembros de la familia de los camélidos sudamericanos (llamas, alpaca y vicuña), que rocían en grandes rebaños, produjeron ropa de abrigo. Con el paso del tiempo, los pueblos indígenas de las zonas montañosas y costeras desarrollaron de manera cada vez más compleja formas de tejer y teñir para crear textiles sofisticados y bellos, dándole significancia desde el punto de vista social, político y religioso.

Alpaca, Courtesy of/*Cortesía de* Michell & Cia. S.A. Arequipa, Peru

mountain and coastal areas developed ever more complex ways of weaving and dyeing to create sophisticated, beautiful textiles that took on significant social, political, and religious meanings.

Textiles were important both for sacred and ceremonial purposes as well as for clothing and everyday uses. Social status and group identity were defined by one's clothing. Intricately woven items were the most valuable objects of the material culture among all the indigenous societies. Textiles recorded and transmitted political and spiritual concepts across the dramatic landscapes of the Andean highlands and down into distant coastal valleys and jungle regions. They were often considered the most prestigious of gifts, and were frequently burned as sacrifices to the gods.

In very early times, simple geometric patterns woven into or imprinted on the cloth created pleasing decoration. As societies developed greater complexity and sophistication, textile designs became more intricate, often featuring plant, animal, human, and supernatural motifs. Similar designs decorated ceramics which also had both utilitarian and ceremonial uses. Since the production of textiles preceded the development of ceramics this may have contributed to their symbolic importance from the earliest times.

Among the early Peruvian cultures which developed marvelous textiles, perhaps the best known are those of the Paracas people who lived along the south coast 2500 years ago. The near total lack of rainfall for many centuries has preserved the fabrics interred with their burials in the desert sands. Rich colors often remain remarkably bright,

Los textiles eran importantes tanto para fines sagrados y ceremoniales, así como para vestirse y para uso cotidiano. El estatus social e identidad también se definía por la ropa que uno llevaba puesta. Entre las sociedades indígenas artículos tejidos de complejidad contaban entre los objetos más valiosos de la cultura material. Los textiles registraron y transmitieron conceptos políticos y espirituales en los espectaculares paisajes tras las tierras altas de los Andes hasta los valles distantes de la costa y de la selva. A menudo se consideraba entre los más valiosos regalos, y frecuentemente se quemaban como sacrificios a los dioses.

En épocas muy tempranas, patrones geométricos simples, tejidos o impresos en la tela creaban decoraciones placenteras. A medida que la sociedad se desarrolló en complejidad y sofisticación, los diseños textiles también se hicieron más complejos con motivos de plantas, animales, humanos o temas sobrenaturales. Diseños similares en cerámicas decoradas también tenían su uso utilitario y ceremonial. Ya que la producción de textiles precedió al desarrollo de la cerámica esto puede haber contribuido a su importancia simbólica desde los primeros tiempos.

Entre las primeras culturas peruanas que desarrollaron maravillosos textiles, quizás los más conocidos son los Paracas que vivían a lo largo de la costa del sur hace 2,500 años. La falta casi total de lluvias por muchos siglos ha conservado las telas que enterraron con sus muertos en las arenas del desierto. Así los colores siguen siendo muy brillantes y los símbolos de aves, peces y figuras mitológicas resaltan.

and symbols of birds, fish, and mythological figures stand out.

Similar graves in dry coastal areas have preserved textiles from other ancient peoples, such as the Chavín, Nazca, Moche, Tiwanaku (Tiahuanaco), and Chimú. Some of the most spectacular examples are the tunics of the Wari (Huari) culture, who developed the first real empire in the Andean region between 600 CE and 1000 CE, and influenced much of the area that later became the Inca empire. These magnificent tunics were clearly associated with burials of high-status individuals, and often display distinctive abstract designs unlike the more representational imagery of most other societies.

The Wari capital was just a few miles from the current location of Ayacucho, and their influence on both the Inca who succeeded them and the current inhabitants of the region remains strong. The Wari culture is not well known or understood, since like the Inca, they left no written texts, and their empire disappeared hundreds of years before the Spanish chronicles were recorded. Wari highland settlements have not been studied as thoroughly as much older Paracas, Moche, or Nazca sites.

For a long time archeologists attributed many Wari objects to the Tiwanaku culture based at the important site of the same name hundreds of miles farther south on the shore of Lake Titicaca. While the symbols and imagery of both groups are often quite similar, experts now realize that they were separate societies with the Wari establishing a large military empire in the north, and Tiwanaku being a supremely important ceremonial center in the south.

Tumbas similares en las zonas costeras secas han conservado los textiles de otros pueblos antiguos, tales como los Chavín, Nazca, Moche, Tiwanaku (Tiahuanaco) y Chimú. Algunos de los ejemplos más espectaculares son las túnicas de la cultura Wari (Huari). Los Wari desarrollaron el primer imperio real en la región andina entre 600 y 1000 EC e influyeron mucho en la área que más tarde se convirtió en el imperio Inca. Estas magníficas túnicas se asociaron con entierros de personas de alto estatus, y con frecuencia llevan diseños abstractos distintivos, a diferencia de las imágenes más representativas que se encuentran en muchas de las demás sociedades.

La capital de los Wari quedaba a unos pocos kilómetros de donde Ayacucho se ubica actualmente, y su influencia sobre los Incas que les sucedieron y los actuales habitantes de la región sigue siendo fuerte. La cultura Wari no es bien conocida ni entendida debido a que, como los Inca, no dejaron textos escritos y su imperio desapareció cientos de años antes de que los españoles llegaran y escribieron sus crónicas. Los asentamientos andinos de los Wari no fueron estudiados tan a fondo como los viejos sitios de los Paracas, Moche o Nazca.

Por mucho tiempo los arqueólogos atribuyeron objetos Wari a la cultura Tiwanaku que tiene su base en el sitio del mismo nombre cientos de kilómetros más al sur, a las orillas del Lago Titicaca. Aunque los símbolos y las imágenes de los dos grupos se parecen, los expertos se dan cuenta hoy de que eran muy distintos, con los Wari estableciendo un imperio militar al norte y Tiwanaku como centro de suprema importancia ceremonial al sur. Otra barrera al estudio de los Wari fue a causa del grupo

Tunic with profile heads and stepped frets; Wari, Middle Horizon, c. 650-800, Cotton and camelid fiber
Túnica con cabezas de perfil y salió trastes; Wari, Horizonte medio, c. 650-800, de fibra de algodón y camélido.

Dallas Museum of Art, The Eugene and Margaret McDermott Art Fund, Inc.,
in honor of Carol Robbins' 40th anniversary with the Dallas Museum of Art

A further barrier to study of the Wari was the upheaval caused by the Sendero Luminoso guerilla war (see chapter 4) that for many years prevented archeological work at the vast site of their capital city. Also, few buried fabrics have been found in their former heartland because the more humid climate there does not preserve them well. Most of the Wari era textiles that have been discovered were found in tombs in the dryer coastal areas they dominated during the centuries of their influence.

These weavings, especially the tunics, are most impressive, both for their brilliant red and gold colors and for the dramatic abstract designs which have a strong appeal for modern tastes. Many examples feature versions of supernatural beings, but for reasons experts do not fully comprehend, key details of faces and bodies are artistically disassembled into separate geometric elements and then re-arranged in striking and repetitive patterns. It is possible that this abstraction stripped away realistic features to reveal and emphasize essential and permanent qualities. When worn by high-status individuals, tunics like these would have been vivid visual statements of their power and importance.

The final native culture to dominate Peru was the Inca. After establishing rule over neighboring tribes near Cuzco, they conquered vast highland and coastal areas far from their mountain homeland. While unparalleled in stonework and road-building, the artistry of Inca textiles was rarely as complex or sophisticated as earlier styles. Inca textile designs are almost exclusively geometric, without the abstract or

guerrillero Sendero Luminoso (véase el capítulo 4) que por muchos años impidió los trabajos arqueológicos en la extensa área de su ciudad capital. Son pocas las telas encontradas allí porque el clima más húmedo no las deja conservar bien. La mayoría de los textiles de la era Wari fueron encontrados en tumbas de áreas costeñas más secas donde dominaron durante los siglos de su influencia.

Estos tejidos, en especial las túnicas, son impresionantes tanto por sus colores brillantes de rojo y dorado como por sus diseños abstractos espectaculares fuerte atractivo para el fino gusto moderno. Hay muchos ejemplos de seres sobrenaturales, pero por razones que los expertos no han podido comprender detalles de las caras y los cuerpos han sido artísticamente desmontados y reorganizados en patrones repetitivos e impactantes.

Posiblemente esta abstracción, en despojarse de lo real, revela y hace resaltar cualidades esenciales y permanentes. Vestidos en estas túnicas, personas de alto estatus serían deslumbrantes declaraciones visuales de importancia y poder.

La última cultura nativa que dominó el Perú fueron los Incas. Después de dominar las tribus vecinas cerca de Cuzco, conquistaron amplios terrenos en las tierras altas y las zonas costeras lejos de su origen montañoso. Aunque eran sin par en cantería y construcción de caminos, el arte de sus textiles raramente llegaba a la complejidad y sofisticación de los estilos anteriores. Los diseños de textiles Inca son casi exclusivamente geométricos sin las imágenes abstractas y representativas de las culturas

All T'oqapu Tunic/*Todo T'oqapu Túnica*, Inka, Late Horizon/*Horizonte tardío*
1450-1540 CE; Wool, cotton/*De fibra de algodón y camélido.*
© Dumbarton Oaks, Pre-Columbian Collection, Washington, D.C.

representational imagery of earlier cultures. Some coastal desert burials with Inca-era weavings have been found, as well as a few magnificent textiles acquired during the Spanish Conquest. These are the last examples of this ancient tradition before the changes brought by contact with Europeans.

From the earliest times, most weaving was done by women. Young girls learned the skills of spinning, dyeing, and the loom from their mothers or other female family members. Back-strap or ground looms were used to produce all the clothing needed for the family. These everyday garments likely had simple designs, while more elaborate versions would be produced for special occasions such as festivals, marriage, or burial.

Backstrap Loom/*Telar de correa.*
Guamán Poma de Ayala, 1615

antiguas. Se han encontrado tejidos de la época de los Inca en entierros en el desierto costero, así como unos cuantos textiles finos adquiridos durante la época de la conquista española. Estos son los últimos ejemplos de esta antigua tradición antes de los cambios producidos por el contacto europeo.

Desde tiempos primordiales la mayoría de los tejidos fueron realizados por las mujeres. Las niñas aprendían como hilar, teñir y usar el telar de sus madres u otros miembros femeninos de la familia. Telares de correa o fijos en la tierra se usaban para producir todos los vestidos necesarios para la familia. Estos vestidos de uso cotidiano podían tener diseños simples, mientras los más elaborados se dejaban para ocasiones especiales, tales como festivales, bodas o entierros.

Personas de alto rango empleaban una gran cantidad de mujeres para producir tejidos finos con que vestirse, como regalos o para uso ceremonial. La clase gobernante Inca, por ejemplo, creó un sistema de *accla* o "mujeres escogidas," para atender a sus necesidades. Alojados en casas especiales ellas atendían a las necesidades de estos nobles más destacados, incluso tejiéndoles los textiles más finos. Es probable que acuerdos como éstos produjeran paños finos en sociedades pre-incaicas.

Los Incas también emplearon hombres para hacer *cumbi*, una tela de buena calidad que almacenaron en grandes cantidades por todo el imperio. Estos *cumbicamayos* - o tejedores de tela *cumbi* - más tarde encontrarían empleos similares bajo el dominio español.

High-ranking individuals employed large numbers of women to produce fine weavings for their own wear, as gifts, or for ceremonial uses. The Inca ruling class for example, created a system of *aclla* or "chosen women" to serve them. Housed in special compounds, they tended the needs of the highest ranking nobles, including weaving the very finest textiles. It is likely that similar arrangements provided fine cloth for earlier societies that preceded the Inca.

The Inca also employed men to make *cumbi*, a high-quality cloth that was stockpiled in great quantity in storehouses throughout the empire. These *cumbicamayos* – cumbi cloth makers – would later find similar employment under Spanish rule.

The Spanish introduced sheep, and their wool became an important addition to native fibers. They brought European looms which allowed larger fabrics to be woven more rapidly, versions of which are still in use today. After millennia of indigenous development, foreign influences dramatically changed every aspect of life in Peru and the place textiles had in society.

Los españoles introdujeron ovejas y su lana se convirtió en un importante complemento a las fibras nativas. Trajeron telares europeos con estructuras más grandes que permitieron hacer tejidos más grandes y más rápidamente, versiones que todavía están en uso hoy en día. Después de milenios de desarrollo en los pueblos indígenas, la influencia extranjera cambió dramáticamente todos los aspectos de vida en el Perú y el lugar que ocupaba los textiles en la sociedad.

Ayacucho Market/*Mercado Ayacucho*

Clothing influenced by colonial styles
Ropa influenciado por estilos coloniales

In La Quinua village/*En el pueblo de La Quinua*

3 Conquest, Independence, Transformation
La conquista, la independencia, la tranformación

The Spanish Conquest of Peru in the 1530's meant not only the overthrow of the Inca rulers, but the destruction of the indigenous culture which had developed over many centuries. War and disease killed millions. Traditional social relationships and customs were abandoned or prohibited. New political, social, economic, and religious norms were adopted or imposed.

Inca Planting Ritual/*Inca Ceremonia de plantación*
Guamán Poma de Ayala, 1615

Formerly, ruler and ruled had existed in a system based on mutual reciprocity. While obedience and labor were required of the commoners, they always received significant

La conquista española del Perú en el siglo 16 significó no solamente la derrota de los gobernantes incas, sino la destrucción de la cultura indígena que había desarrollado en el transcurso de los siglos. Millones murieron debido a la guerra y la enfermedad. Las relaciones sociales tradicionales y las costumbres fueron abandonadas o prohibidas. Nuevas normas-políticas, sociales, económicas y religiosas-fueron adoptadas o impuestas.

Anteriormente, gobernantes y los gobernados existían en un sistema basado en reciprocidad mutua. Mientras que se exigía obediencia y mano de obra por parte de los plebeyos, siempre recibían beneficios significativos a cambio. Los equipos de trabajadores que construyeron los palacios incas, las carreteras y las terrazas agrícolas, se deleitaron con abundante comida y bebida durante su período de servicio requerido, y luego fueron enviados a casa con regalos valiosos. A cambio de su condición privilegiada y alto estatus social, los miembros de la clase élite proveyeron a la sociedad justicia y, hasta más importante, aseguraron a través de ceremonias y rituales religiosos la bendición de los dioses para la buena cosecha y rebaños sanos de que todos los miembros de la sociedad dependían. Este principio de la reciprocidad es fundamental en las relaciones entre los pueblos andinos.

Propiedad privada y logros individuales eran conceptos europeos completamente ajenos a la sociedad andina.

benefits in return. Teams of workers who constructed Inca palaces, roads, or agricultural terraces were feasted with abundant food and drink during their period of required service, and afterwards sent home with valuable gifts. In return for their high status and privileges, elite members of society provided justice, and more importantly, assured through ceremonies and religious rituals the continued blessings of the gods for good crops and healthy herds which all members of society depended on. This principle of reciprocity remains fundamental in relationships among Andean peoples today.

European concepts of private property and individual achievement were entirely foreign. Many of the Spanish invaders had personal enrichment as their prime motive for conquest, if not from gold and silver, then from acquiring land and the work of the natives living there. Labor was still required of the populace, but little was given in return. Fertile communal village lands that had been worked in common were taken away and given as private estates to reward supporters of the conquering armies. This robbed the local inhabitants of the most productive areas or restricted their ability to graze their herds. New laws required that a head tax be paid with currency. This forced native men to work mining precious metals or as wage laborers and contributed to the breakdown of family and community relationships. Tortuous labor in the mines killed thousands of men and boys.

Among the profit-making enterprises that the Spanish developed were workshops, called *obrajes*, which produced items for sale. The most common were textile obrajes employing native workers to weave wool fabric for clothing. The first obraje in Perú

Para muchos de los invasores españoles su motivo principal en la conquista era el enriquecimiento personal; obteniendo plata y oro, adquiriendo tierras y usando la labor de los nativos que vivían allí. Aunque se requería trabajo de la población, se daba poco a cambio. Las tierras fértiles de las aldeas comunales fueron retiradas y dadas como fincas privadas a partidarios de los ejércitos de conquista como premios. Este robo dejó a los habitantes sin las zonas más productivas y restringió la capacidad de apacentar sus rebaños. Según las nuevas leyes había que pagar impuestos con monedas. Esto obligó a los hombres a trabajar en las minas para extraer metales preciosos o como jornaleros y contribuyó a la ruptura de las relaciones familiares y comunitarias. El trabajo arduo en las minas mató a miles de hombres y muchachos.

Entre las empresas con fines de lucro que los españoles desarrollaron, habían talleres, llamados *obrajes*, que producían artículos para la venta. Los más comunes eran para textiles, empleando trabajadores nativos para hacer tejidos de lana para ropa. El primer obraje en el Perú se estableció en 1545. Algunos de ellos fueron establecidos por órdenes religiosas católicas, pero la mayoría fueron desarrollados por los propietarios, con cuya propiedad venía el 'derecho' del trabajo de los nativos. Algunos tenían solo unos cuantos telares. Otros eran bastante grandes con decenas de telares y empleaban cientos de tejedores. A menudo, estos se situaban cerca de las minas donde el trabajo forzado de miles de trabajadores creaba una demanda constante.

Ayacucho, conocido como Huamanga hasta los años 1820 (y todavía hoy por muchos habitantes) tiene una larga tradición

was established in 1545. Several were set up by Catholic religious orders while most were developed by landowners who 'owned' the right to the labor of the natives. Some had only a few looms, but others were quite large with dozens of looms worked by hundreds of weavers. These were often located near mines where hard labor by thousands of workers created constant demand. Ayacucho, known as Huamanga until the 1820's (and still called that today by many locals), had a long tradition of fine weaving, so it was not surprising that many obrajes were established there. They mainly produced plain woolen fabric, much of which went to clothe the workers at the large mercury mines in nearby Huancavelica.

The obrajes in Huamanga were successful for many years, and the weavers of Santa Ana were renowned for the quality of their fabric. Ayacucho became a prosperous city with handsome mansions built by wealthy Spanish landlords and merchants. The city's many colonial churches are testimony to the riches enjoyed by the community. However, when the mines became less productive in the late 18th and early 19th centuries, the weavers struggled. The wars of independence from Spanish rule (1811-1824) also disrupted life in Huamanga, as they did throughout Latin America. Even greater changes came with independence.

Throughout the colonial era (1532-1824), Spain prohibited direct trade between their possessions and other nations in an effort to protect the Spanish economy and markets within its empire. English and French goods could legally be brought to Peru only by way of Spain, and only if transported in Spanish ships. This made them more expensive and some items were entirely

de tejidos finos, por lo que no es sorprendente que muchos obrajes se establecieron allí. En general producían tejidos simples de lana que en gran parte fueron usados para vestir los obreros de las grandes minas de mercurio en la cercana Huancavelica.

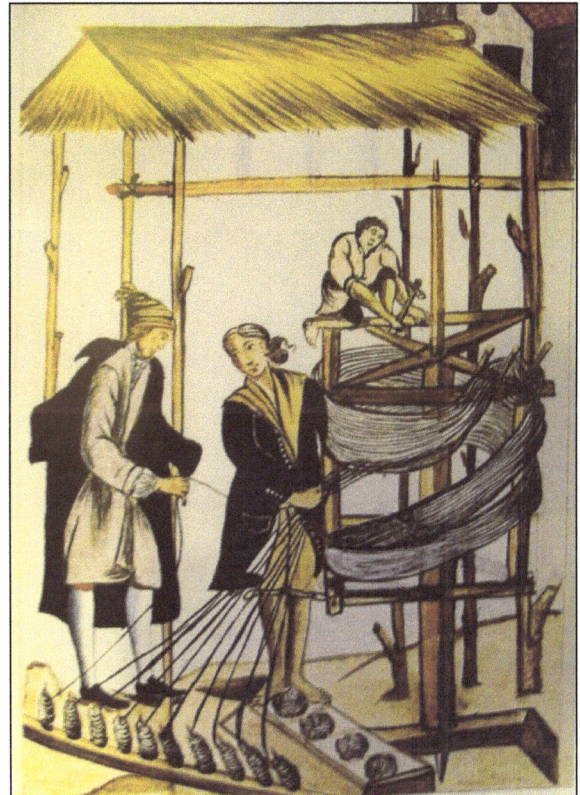

Obraje in the Viceroyalty of Perú/*Obraje en el Virreinato del Perú* Watercolor, 18th C./*Acuarela del siglo XVIII*. Codex Martínez Compañón

Los obrajes de Huamanga fueron un éxito durante muchos años y los tejedores adquirieron fama por la calidad de su tejido. Ayacucho se convirtió en una ciudad próspera con mansiones elegantes construidas por terratenientes españoles ricos y comerciantes. La cantidad de iglesias coloniales encontradas allí es testimonio de la riqueza de esa comunidad. Sin embargo, cuando las minas se hicieron menos productivas, a fines del siglo 18 y a principios del 19, los tejedores tuvieron que luchar. Las guerras de independencia de

forbidden. While smuggling was common, it also increased prices. After independence, restrictions on overseas trade were lifted and foreign competition in the Peruvian textile industry began in earnest.

With the Industrial Revolution in high gear, English cloth produced in factories was cheaper and of better quality than that made in the obrajes, and it rapidly flooded into the formerly closed market. Peruvian textile workers fell on hard times, and Huamanga began an economic decline that lasted into the modern era. The weavers of Santa Ana still supplied cloth to the local market, but demand was greatly reduced and prices fell.

Chemical dyes that produced vivid color-fast shades began to enter the Peruvian market from Europe later in the 19th century. These were inexpensive and easy to use. As a result, the knowledge and use of traditional natural dyes gradually was lost. Industrial textile production grew in the southern city of Arequipa, further impacting the local weavers in Ayacucho. The first modern highway connecting Ayacucho to the outside world was completed in 1924. Mass-produced fabrics could then be brought in more easily, and it became easier for individuals or families to leave to seek work in Lima or other cities. This out-migration contributed to the region's economic decline. By the 1950's, only a few small family workshops remained in Santa Ana, mostly making plain blankets for local use.

About this time, Ambrosio Sulca, a member of one of the most prominent Santa Ana weaving families, began the difficult effort to relearn traditional weaving and dyeing techniques before the elders who knew the old ways were gone and their knowledge

España (1811-1824) también desbarató la vida normal en Huamanga, como lo fue en toda América latina. Y con la independencia llegaron aún más cambios.

Durante la época colonial (1532-1824) España prohibió el comercio directo entre las tierras que ella poseía y otras naciones, en un esfuerzo para proteger la economía española y los mercados en el marco de su imperio. Artículos ingleses y franceses podían llegar a Perú solo por medio de España y solo en caso de ser transportados en barcos españoles. Esto los hizo más caros y algunos artículos fueron completamente prohibidos. Aunque el contrabando era común también aumentaba el precio. Después de la independencia, las restricciones sobre el comercio exterior se levantaron y la competencia extranjera en el sector textil peruano comenzó en serio.

Con la llegada de la Revolución Industrial, las telas inglesas producidas en fábricas eran de repente más baratas y de mejor calidad que las de los obrajes, entrando rápidamente a este mercado que antes estaba cerrado. Los trabajadores de la industria textil peruana cayeron en tiempos difíciles y Huamanga comenzó un declive económico que duró hasta la época moderna. Los tejedores de Santa Ana todavía hacían telas para el mercado local, pero la demanda reducía enormemente y los precios cayeron.

Tintes químicos que producían colores vívidos sin desteñir, comenzaron a entrar en el mercado peruano de Europa a fines del siglo 19. Eran baratos y fáciles de usar. Como resultado, el conocimiento y uso de los tintes tradicionales naturales se fue perdiendo completamente. La producción industrial de textiles en la ciudad sureña de Arequipa impactó a los tejedores de

was lost forever. After much experimentation, Sulca rediscovered the *punto arwi* technique, which had been used in ancient weavings. This method allows for intricate designs to be woven on both sides of the tapestry. He and his sons Gregorio, Víctor, and Alfonso became instrumental in encouraging experimentation with new designs, as well as creating their own interpretations of pre-Hispanic designs.

"Diagonal Ducks" / *"Patos diagonales"* @ 1980
Undyed Sheep's wool, 48" x 60"
Lana de oveja sin teñir, 120 x 150 cm

Alfonso Sulca recalls assisting his father in a seminal work when he was still young – a huge tapestry with a religious theme to hang in the cathedral – an effort that took several years to complete. This helped instill in him and his brothers the idea that weavers who merely repeated simple patterns were

Ayacucho. La primera carretera moderna conectando Ayacucho al resto del mundo se completó en 1924. Telas hechas en fábricas entraron al mercado local. Fue más fácil para individuos o familias salir a buscar trabajo en Lima y otras ciudades grandes. Esta migración hacia afuera contribuyó al declive económico de la región. En 1950 solo quedaban unos cuantos talleres familiares en Santa Ana, haciendo mantas simples para uso local.

En esta época, Ambrosio Sulca, miembro de una de las más prominentes familias de tejedores en Santa Ana, comenzó la tarea difícil de volver a aprender el tejido tradicional y a rescatar las técnicas de teñir de los ancianos antes de que murieran y llevaran consigo esos conocimientos. Después de mucho experimentar, Sulca redescubrió la técnica del *punto arwi* que se usaba en los tejidos antiguos. Este método permite tejer diseños intrincados a ambos lados de la tapicería. Él y sus hijos, Gregorio, Víctor, y Alfonso fueron piezas fundamentales en el fomento de la experimentación con nuevos diseños, así como creando sus propias interpretaciones de diseños pre-hispánicas.

Alfonso Sulca se acuerda cómo ayudó a su padre con un trabajo seminal. Era todavía niño y el inmenso tapiz de tema religioso era para colgar en la catedral. Fue un esfuerzo que tardó varios años en completar. Esta experiencia ayudó a infundir en él y sus hermanos la idea que los tejedores que repetían simples patrones son artesanos, pero que deberían tratar de ser artistas con la creación de nuevos y exclusivos diseños. Los Sulcas también investigaron y probaron cientos de materiales naturales para uso como tintes. Estos esfuerzos condujeron eventualmente a tejidos más y más finos, ayudando a elevar el tejido en Ayacucho,

artisans, but that they should strive to become artists by creating new and unique designs. The Sulcas also researched and tested hundreds of natural materials for use as dyes. These efforts eventually led to finer and finer weaving and helped to elevate Ayacucho weaving from plain, utilitarian work to artistic pieces that are now avidly sought by collectors around the world.

An outside influence was the arrival of Peace Corps volunteers from the United States in the 1960's. Among other development projects in the region, they helped to organize an artisan collective. In addition, they encouraged weavers to create new and more colorful designs to appeal to the growing tourism industry, which was now bringing more European and North American travelers to Peru.

Also in the 1960's, a company based in the U.S. began to contract with weavers in Santa Ana to produce hundreds of blankets and tapestries for export. There were only a few simple designs to be made, and the venture lasted only a few years, but the work employed dozens of weavers who developed valuable skills in the process.

By 1980, there was a younger generation of energetic weavers emerging in Santa Ana, many of whom had attended Ayacucho's National University of San Cristóbal in Huamanga (UNSCH). They saw a growing market for attractive tapestries, blankets, pillow covers, and rugs of good quality, and had hopes for a bright future.

de piezas utilitarias simples, a obras artísticas ávidamente rebuscados por coleccionistas por todo el mundo.

Una influencia del exterior fue la llegada de voluntarios del Cuerpo de Paz de los Estados Unidos durante la década de los '60. Entre otros proyectos de desarrollo, ayudaron a organizar una cooperativa de artesanos. Además, animaron a los tejedores para crear diseños nuevos y más coloridos, para atraer a la creciente industria de turismo, que ahora traía más viajeros europeos y norteamericanos al Perú.

También en la década de 1960, una empresa con sede en los EE. UU. Comenzó a contratar tejedores en Santa Ana para producir cientos de mantas y tapices para la exportación. Apenas se desarrollaron unos pocos diseños simples, y la aventura sólo duró unos pocos años, pero el trabajo empleó decenas de tejedores que desarrollaron habilidades valiosas en el proceso.

Por el año 1980 había una generación de tejedores jóvenes y enérgicos emergiendo de Santa Ana, muchos de los cuales habían asistido a la Universidad Nacional de San Cristóbal de Huamanga (UNSCH) en Ayacucho.

Ellos vieron un mercado creciente para tapices atractivos, mantas, fundas y alfombras de buena calidad y soñaron con un futuro brillante.

4 Time of Troubles: *Sendero Luminoso* and the Civil War
Tiempo de problemas: Sendero Luminoso y guerra civil

On May 17, 1980, the remote Andean village of Chuschi witnessed the first incident of a conflict that would claim thousands of lives and disrupt all of Perú, especially Ayacucho. Armed members of the Maoist-inspired Communist Party of Perú, the *Sendero Luminoso* (Shining Path), burned election ballot boxes, declaring this the first action of the people's war against the repressive capitalist government. Almost unnoticed by outsiders, the movement quickly grew in strength, eventually controlling large areas of the country and threatening the capitol of Lima itself.

The government response resulted in a civil war that lasted for 12 years, damaging the economy, dislocating thousands, killing tens of thousands, and ending only with the capture, trial, and imprisonment of the Sendero leaders. Both the guerrillas and the military committed horrible atrocities, with the local population caught in between and suffering the most.

The roots of this terrible conflict can be traced to the time of the conquistadors. The native peoples were oppressed by colonial rulers and after independence by their *creole* successors. The taking of village lands, forced labor, poverty, and lack of education or opportunity sparked numerous revolts over the centuries. The government and economy remained in the hands of a small number of families, mostly descended from the early Spanish settlers, who often viewed the

El 17 de mayo de 1980, la aldea remota de Chuschi en los Andes, fue testigo del primer incidente de un conflicto que causaría la muerte de miles de personas y desbarataría todo Perú, Ayacucho en especial. Miembros armados del partido comunista maoista del Perú, El Sendero Luminoso, quemó las cajas de boletos para las elecciones declarando la primera acción en la Guerra Popular de la gente contra el gobierno capitalista represivo. Casi desapercibida por los forasteros, este movimiento ganó fuerza rápidamente hasta controlar varias zonas del país y amenazar la ciudad capital de Lima.

La reacción del gobierno fue una guerra civil que duró doce años haciendo daño a la economía, desplazando a miles de personas, matando a decenas de miles y terminando solo con la captura, juicio y encarcelamiento de los líderes del Sendero. Tanto las guerrillas y los militares cometieron atrocidades horribles. Entre los que más sufrieron fue la población local atrapada en el conflicto entre los dos.

Las raíces de este terrible conflicto remontan a la época de los conquistadores. Los pueblos indígenas fueron oprimidos por gobernantes coloniales y después de la independencia por sus *criollos* sucesores. La toma de tierras de las aldeas, los trabajos forzados, la pobreza y la falta de educación u oportunidad provocó numerosas rebeliones a lo largo de los siglos. El gobierno y la economía se mantuvo en manos de una

millions of indigenous inhabitants as barely more than serfs.

This provided fertile ground for revolutionary ideas espoused by Marxists and anarchists, as well as more moderate proposals for land reform and modernization. Initial land reform efforts in the 1960's did not succeed in solving the problems of poverty and economic development, but only strengthened the arguments of those who demanded more radical change.

A university professor, Abimael Guzmán, played a key role in developing the Sendero revolutionary movement. Guzmán taught at Ayacucho's university and influenced hundreds of young teachers who then established themselves in rural communities where his radical ideas took root. When 'People's War' was declared in 1980 there were ready recruits among the impoverished peasants in the Ayacucho countryside.

In addition to taking control of rural villages, Sendero members attacked local officials, government facilities, police, military outposts, and bombed the power grid. The government's reaction was to unleash the military, leading to massive human rights abuses, torture, arbitrary executions, and 'disappearances' of suspected guerrillas and supporters.

Ayacucho became the center of the crisis with military rule during the day and Sendero attacks at night. The weavers of Santa Ana, like so many others, were caught in between. Because they employed weavers, paid wages, and sold their weavings for a profit they were considered part of the capitalist system, and therefore legitimate targets by the guerrillas. Because they were

oligarquía, en su mayoría descendientes de los primero colonos españoles que muchas veces consideraban a los millones de habitantes indígenas como poco más que siervos.

Esto brindaba tierra fértil para las ideas revolucionarias de los marxistas y anarquistas, así como propuestas más moderadas para la reforma agraria y la modernización. Los primeros esfuerzos de reforma agraria en la década de los años 60 no resolvieron los problemas de pobreza y desarrollo económico. Al contrario, solo reforzaba los argumentos de aquellos que exigían cambios más radicales.

Un profesor universitario, Abimael Guzmán, desempeñó un papel clave en el desarrollo del movimiento revolucionario del Sendero. Enseñando en la universidad de Ayacucho, el influenció a cientos de jóvenes maestros que se establecieron en comunidades rurales donde sus ideas radicales florecieron. Cuando la 'Guerra del Pueblo' fue declarada en 1980, había muchas reclutas entre los campesinos pobres en el Ayacucho rural.

Además de controlar las aldeas de la zona rural, miembros del Sendero Luminoso atacaban a los oficiales locales, las instalaciones del gobierno, la policía, puestos militares y bombardearon la red eléctrica. La reacción del gobierno fue desencadenar las fuerzas militares, llevando a cabo masivos abusos de los derechos humanos, la tortura, ejecuciones arbitrarias y presuntos guerrilleros y simpatizantes 'desaparecidos.'

Ayacucho se convirtió en el centro de esta crisis. De día reinaba el régimen militar, de noche atacaba Sendero. Los tejedores de Santa Ana, al igual que tantos otros, fueron atrapados en este conflicto. Como empleaban tejedores, pagaban salarios y vendían tejidos

indigenous and often knew the young members of the Sendero, they were distrusted by the military who wanted to prevent any support for the insurgents.

Two examples illustrate the predicament people faced during the time of troubles. Alfonso Sulca, one of the most prominent Santa Ana weavers, was kidnapped three different times by young Sendero cadres who considered him an oppressor of the workers he employed. Each time he was released because higher-ups in the movement held him in high personal regard. On several occasions he was forced to provide food and shelter for guerrillas, placing him and his family in danger if the military had discovered them.

Alejandro Gallardo, living just a few doors away, was taken for interrogation three times. Twice he was released after brief questioning by the police, but on one dramatic occasion he suffered seriously. After an attack on a soldier in a nearby neighborhood the military suddenly appeared in Santa Ana in force. A soccer game was going on in the plaza in front of his home, and when the soldiers suddenly arrived in jeeps, the young men and boys scattered in all directions. Alejandro's wife was in the kitchen and he was working at his loom when the soldiers pounded on the door. When he opened it, they hit him with the butt of a rifle, dragged him and his wife outside, and demanded his identity papers. Of course, their papers were inside, but before they could produce them they were both taken to military headquarters. There they faced interrogation that lasted many hours, and included further beatings before eventually being released.

por ganancia, les consideraban parte del sistema capitalista, y por lo tanto, objectivos legítimos de la guerrilla. Por ser indígenas y conocer a los miembros jóvenes de Sendero, ellos perdieron la confianza de las autoridades, quienes querían evitar cualquier apoyo a los insurgentes.

Dos ejemplos ilustran la difícil situación que la gente enfrentó durante el tiempo de conflicto. Alfonso Sulca, uno de los más destacados tejedores de Santa Ana, fue secuestrado tres veces por jóvenes senderistas que le consideraban un opresor de los trabajadores que el empleaba. Cada vez fue liberado porque personas de más alta posición en el movimiento lo tenían en alta estima. En varias ocasiones fue obligado a proporcionar comida y refugio para las guerrillas, poniéndole a él y su familia en peligro de ser descubierta por los militares.

Alejandro Gallardo, que vivía a solo unas puertas de distancia, fue llevado para ser interrogado tres veces. Dos veces lo soltaron después de una breve interrogación con la policía. Pero en una ocasión dramática sufrió seriamente. Después que un soldado fue atacado en la vecindad cercana, los militares aparecieron de repente con mucha fuerza. Había un partido de futbol en la plaza frente de su casa cuando llegaron los soldados en camionetas, y los jóvenes y los niños se dispersaron en todas direcciones. La esposa de Alejandro' sestaba en la cocina y Alejandro en su telar cuando los soldados golpearon la puerta. Cuando Alejandro abrió la puerta lo pegaron con la culata de un rifle. Lo sacaron a él y su esposa afuera y les pidieron sus documentos de identidad. Por supuesto, sus papeles estaban dentro de la casa, pero antes

The lasting fear caused by this kind of terror remains deep-rooted even decades later. When Edwin Sulca recently described witnessing a similar incident, his strong voice suddenly dropped to a whisper, as though he was revealing dangerous secrets that could still put him at risk. This fear and other very real threats caused many Santa Ana weavers and thousands more in the region to move away from Ayacucho to the sprawling suburbs of Lima in hopes of safety. After the troubles ended, not all returned.

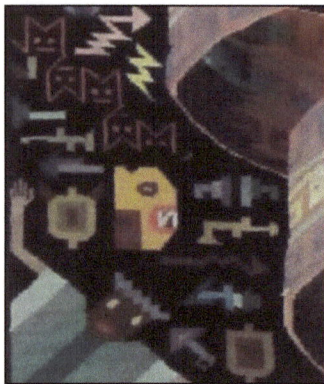

Motifs of weapons and violence in an Edwin Sulca weaving

Los motivos de las armas y la violencia en un tejido de Edwin Sulca

The impact of the conflict on the people of Ayacucho can be seen in artwork produced at the time. Motifs representing guns appeared in some weavings. Noted retablo artist Nicario Jiménez created realistic tableaus of Sendero attacks on military outposts in addition to his more typical Nativity or Semana Santa scenes. When the conflict ended after the capture of Abimael Guzmán, Edwin Sulca's work sometimes featured white doves and mothers kneeling in prayer, representing peace and the re-unification of the community following years of carnage.

de que pudieron mostrarlos, ambos fueron conducidos a un cuartel militar. Allí fueron interrogados y golpeados por varias horas hasta que al fin los soltaron.

El miedo duradero causado por este tipo de terror sigue siendo profundo incluso décadas después. Cuando Edwin Sulca me contó de un incidente similar, su voz que es fuerte, cayó a un susurro, como si estuviera revelando secretos peligrosos que aún podría ponerle en riesgo. A causa de este miedo y otras reales amenazas, muchos tejedores de Santa Ana y miles más de esa región se mudaron de Ayacucho a las afueras de Lima para su seguridad. Después que los problemas terminaron, no todos regresaron.

El impacto de este conflicto en el pueblo de Ayacucho se refleja en obras creadas en esa época. En algunos tejidos aparecieron motivos que representan armas. El conocido artista de retablos, Nicario Jiménez, creó retablos realísticos de la guerrilla senderista atacando puestos militares, además de sus escenas más comunes de la Natividad o de la Semana Santa. Después de terminar el conflicto con la captura de Abimael Guzmán, el trabajo de Edwin Sulca a veces incluía palomas blancas y madres arrodilladas rezando, representando la paz y reunificación de su comunidad después de tantos años de sangre.

5 Wool, Alpaca, Dyes, Looms
La lana, alpaca, tintes, telares

The loom is my easel,
The weft is my background,
The dyed wool is my color,
And my hands are the brushes
I paint my tapestry with.

*El telar es mi caballete,
La trama es el fondo,
La lana es los colores,
Y mis manos los pinceles
Con los que elaboro mis tapices.*

Edwin Sulca Lagos

Edwin Sulca in his gallery, 2013. "I Wish to Be Like the Wind," Sheep's wool, @ 60" x 60"
Edwin Sulca en su galería, 2013. "Quisiera Ser como el Viento," lana de oveja, @ 150 x 150 cm

The Ayacucho weavers of Santa Ana use yarns of sheep's wool, cotton, and alpaca. They dye with natural materials, and then weave on large pedal looms to create their fine tapestry. Tapestry in this case refers to the weaving technique, although the finished fabrics may be intended as wall hangings, rugs, pillow cases, or other decorative items. This weave creates an identical design on both sides of the finished textile.

For many years weavers acquired homespun sheep's wool from the surrounding highlands region. Family or clan relationships often connected the artisans living in Huamanga with those from isolated villages who raised the sheep and spun the wool themselves. Alfonso Sulca used to get his wool from a family in Uchurachay, a remote pueblo now deserted, remembered as the site of a massacre of journalists during the Sendero conflict. In more recent times, the weavers usually buy skeins of wool yarn in the city market for their fine weavings, carefully choosing the best quality.

Alpaca in the highlands/*Alpaca en la sierra*
Courtesy of/*Cortesía de* Michell & Cia. S.A.
Arequipa, Peru

Alpaca yarn is spun from the hair of the camelid animal of the same name, which can be as soft and fine as cashmere. The alpaca is a smaller cousin of the llama, and has

Los tejedores de Ayacucho utilizan lana de oveja, algodón y alpaca. Ellos tiñen con materiales naturales, que luego tejen en grandes telares de pedal para crear su fina tapicería. En este caso, tapicería se refiere a las técnicas de tejer, aunque el tejido acabado puede ser tapices, alfombras, fundas para almohadas y otros elementos decorativos. Este estilo de tejido crea un diseño idéntico a ambos lados del acabado textil.

Durante muchos años los tejedores conseguían la lana casera de oveja de las regiones montañosas cercanas. Las relaciones de familia conectaba a los artesanos que vivían en Huamanga con los de las aldeas aisladas quienes criaban las ovejas e hilaban la lana por si mismos. Alfonso Sulca conseguía la lana de una familia en Uchurachay, un pueblo remoto ahora desierto, recordado como una masacre de unos periodistas durante la época de conflicto con el Sendero. En tiempos más recientes, los tejedores suelen comprar madejas de hilos de lana en el mercado de la ciudad para sus excelentes tejidos, eligiendo cuidadosamente la mejor calidad.

El hilo de alpaca es hilado del pelo del animal camélido del mismo nombre, que puede rendirse tan suave y fino como la cachemira. La alpaca es una prima de la llama, pero más pequeña, y ha sido criada desde tiempos antiguos, por la calidad y cantidad de sus fibras, como también por su carne.

Prosperando en las montañas de los Andes a más de 3.000 metros de altura, las alpacas viven en manadas y pastean en hierbas nativas. Normalmente, se esquilan en la primavera. La primera esquila de la joven alpaca produce un pelo muy preciado, mientras que más tarde, al esquilarlo las fibras se ponen progresivamente menos finos.

been bred since ancient times for the quality and quantity of its fiber, as well as for meat.

Thriving in the Andean highlands above 3,000 meters altitude, alpaca live in herds and graze on native grasses. They are usually sheared in the spring; the young animal's first shearing produces the prized 'baby alpaca' while later shearing gives fibers that are progressively less fine.

Cloth made from alpaca is soft, warm, and naturally water-resistant. In ancient times, fine textiles for the elite members of society were often woven from alpaca. The un-dyed colors of alpaca range from snowy white to every shade of grey and black, and from cream to very dark brown. Peru officially recognizes dozens of different natural alpaca colors and many more variations can be created by blending different-colored yarns together.

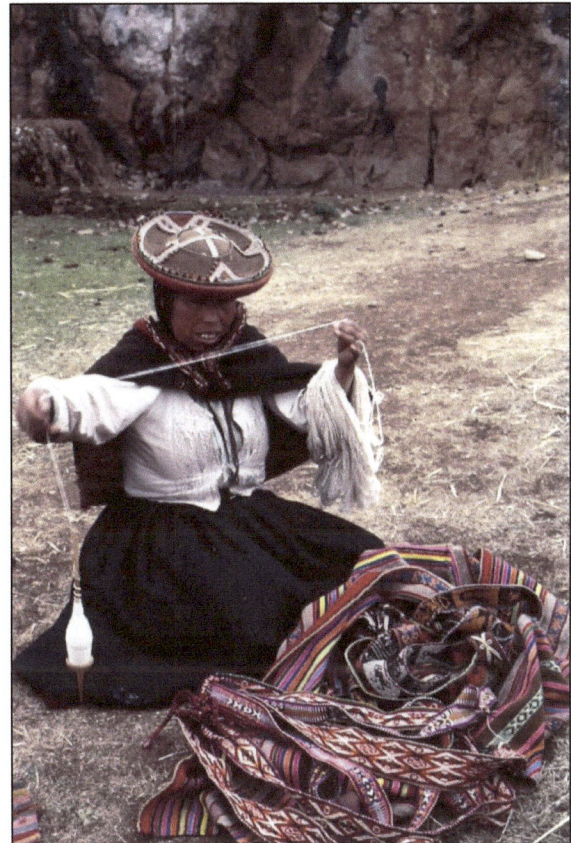

Spinning wool, Chinchero
Hilado de la lana, Chinchero

Las telas hechas de alpaca son suaves, cálidas, y resistentes al agua. En los tiempos antiguos, los miembros elites de la sociedad a menudo usaban textiles finos hechos de alpaca. Sin teñirlo los colores naturales de alpaca varían de un blanco como la nieve a todas las tonalidades de gris y negro, y de crema a un marrón muy oscuro. El Perú reconoce oficialmente decenas de diferentes colores en alpaca natural y muchos más variaciones se pueden crear mezclando hilos de diferentes colores juntos.

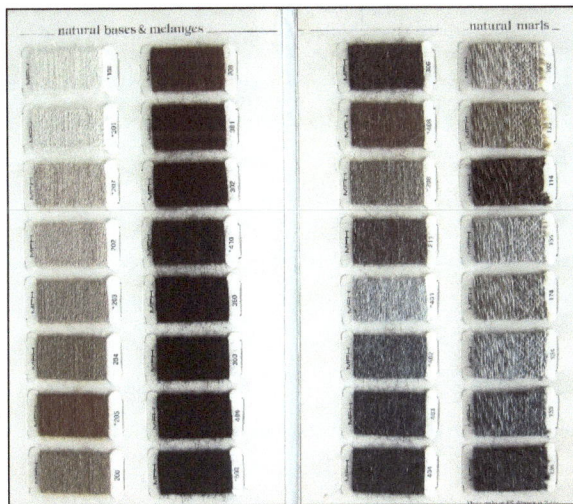

Alpaca color card/*Tarjeta de color de alpaca*

For many years, un-dyed sheep's wool in its natural colors (shades of white, brown, grey, or black) was favored in Santa Ana because of availability and cost. As described in Chapter 3, the revival of the use of plant,

Por muchos años, la lana natural de ovejas (en tonos de blanco, marrón, gris y negro) fue favorecido en Santa Ana por su disponibilidad y costo. Tal como se describe en el Capítulo 3, el resurgimiento del uso de

insect, and mineral dyes was pioneered by the Sulca family, and today all the better weavers prefer natural dyes to create harmonious colors in their work.

The most important natural dye comes from cochineal, an insect that infests the nopal cactus which grows widely in the Ayacucho region. This produces a vivid purple and many shades of scarlet, burgundy, brick red, and pink. Cochineal was responsible for many of the brilliant colors in ancient Wari tunics.

Nopal cactus infested with cochineal
Cochinilla del Nopal cactus

Some of these dye ingredients can be purchased in the market, while others must be gathered in the countryside. In addition, a mordant such as tin, aluminum, salt, or ammonia (from stale urine) may be used to permanently fix the color in the yarns, and to brighten or vary the shades produced. Dyeing can be a time consuming process, and each weaver experiments with subtle variations in order to achieve their preferred colors. The 'recipes' they develop are then carefully guarded, often even from close relatives.

tintes a base de plantas, insectos y minerales fue iniciado por la familia Sulca, y hoy en día todos los tejedores destacados prefieren tintes naturales que crean colores armoniosos en sus trabajos.

El tinte natural más importante viene de la cochinilla, un insecto que infesta el cacto nopal que crece en abundancia en la región de Ayacucho. Este produce un color morado brillante y muchos tonos de color escarlata, borgoña, rojo ladrillo y rosado. La cochinilla fue responsable por muchos de los colores brillantes de las antiguas túnicas Wari.

Algunos ingredientes de estos tintes se pueden comprar en el mercado, mientras que otros son recogidos en el campo. Además, un mordiente como estaño, aluminio, sal o un amoníaco (hecho de orina fermentada) puede ser usado para fijar los colores permanentemente en los hilos y para variar y hace resaltar las tonalidades producidas. Puede ser muy demorada el proceso de teñir, y cada tejedor experimenta con variaciones sutiles con el fin de alcanzar sus colores favoritos. Estas 'recetas' que desarrollan son guardadas secretamente.

Common dye colors are produced from many local vegetal sources

Tintes de colores comunes se producen de estos recursos vegetales locales

Name/*Nombre*	Part used/*La parte usada*	Color
Tankar	fruit/*fruta*	blue/*azul*
Nogal (walnut)	fruit and leaf/*fruta y hoja*	dark brown, black/*marrón oscuro, negro*
Sauce (willow)	leaf/*hoja*	yellow/*amarillo*
Jiquerilla	leaf/*hoja*	green/*verde*
Molle	leaf/*hoja*	green/*verde*
Mora (blackberry)	leaf/*hoja*	light green/*verde claro*
Aliso	leaf/*hoja*	yellow, cream/*amarillo, crema*
Chilca	leaf/*hoja*	green, yellow/*verde, amarillo*
Mazo copa	root/*raíz*	indian red, light red/*rojo indio, rojo claro*
Tara	fruit/*fruta*	grey/*gris*
Achiote	seed/*semilla*	orange/*naranjado*

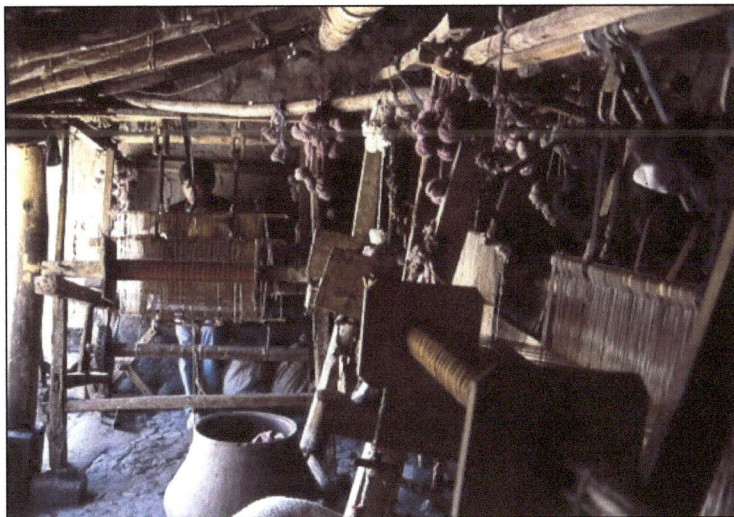

Sosa family workshop. Note the *huanquillas* (see page 34) hanging from the looms/*Taller familiar de los Sosa. Nota las huanquillas (ver la pagina 34) colgando de los telares*

Edwin Sulca's wife twining yarns
Sra. Edwin Sulca trenzando hilados

A

B

C

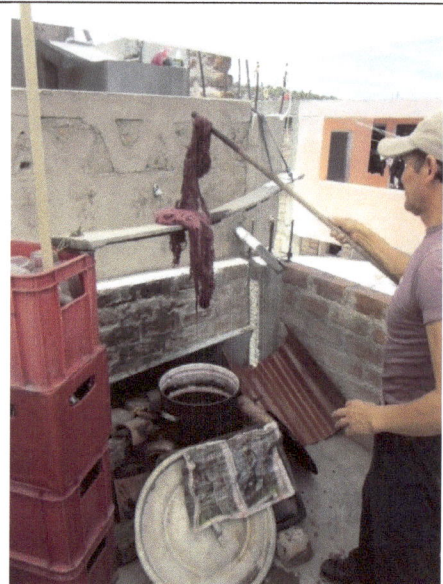

D

Alejandro Gallardo dyeing with cochineal
Alejandro Gallardo tiñiendo con cochinilla

A Raw cochineal/*Cochinilla cruda*
B Grinding to a powder/*Molienda a polvo*
C Boiling water for dye/*Agua hirviendo por teñir*
D Dyeing the wool/*Teñir la lana*
E Three distinct shades resulting from different times in the dye/*Tres diferentes tonos de más o menos tiempo en el tinte*

E

Dramatic design based on cochineal variations/*Diseño dramático con base en las variaciones de cochinilla*

"Little Fox Heads," 48" x 60," Sheep's wool, Alejandro Gallardo, 2006
"Cabecitas de zorros," 120 x 150 cm, lana de oveja, Alejandro Gallardo, 2006

Once the wool or alpaca yarn is cleaned, washed, and dyed, it is usually doubled by twisting two strands together which makes it stronger and smoother. It is then wound into small bundles the size of golf balls called *huanquillas* (from the Quechua "huanqui - llan", meaning 'to wrap it') which will be used in weaving on the loom.

Santa Ana weavers generally utilize a thin cotton yarn for the warp, the vertical backbone of the textile, which is laid out on the loom before the weaving begins. It is frequently dyed brown, and is usually only seen as a knotted fringe at the ends of the finished piece. The artisan often sketches a pattern onto the warp yarns to guide the work. Then the sheep's wool or alpaca weft yarns are woven in horizontally to create the desired design.

The pedal or treadle loom used today in Ayacucho is very similar to the looms introduced by the Spanish during the colonial period. Most of the looms are built locally by carpenters who specialize in this work. The width of the weavings produced from smaller looms is usually about 60 centimeters (24 inches) while large looms typically result in widths of 120 cm (48 in). Even larger looms are sometimes built for special projects.

Most weavings created before 1980 were done on smaller looms and when larger widths were desired, two or more pieces would be woven separately and joined side by side (see page 37). The length of a weaving is not determined by the width of the loom and can be as long as desired, but the most common sizes for pieces intended for wall hangings or rugs are 24 x 36 inches called *pisos* (floors), 24 x 60" runners, and 48 x 60" called *frazadas* (blankets).

Una vez que la lana se lava, limpia y tiñe, usualmente se dobla, torciendo dos hilos juntos para fortalecer y suavizarlos. Después se enrolla en bolitas pequeñas del tamaño de pelotas de golf llamados *huanquillas* (del quechua 'huanqui – llan', que significa envolver) para utilizar tejiendo en el telar.

Generalmente los tejedores de Santa Ana utilizan un hilo fino de algodón para la urdimbre, el eje vertical del textil que se expone en el telar antes de que el tejido comienza. Con frecuencia se tiñe de marrón y aparece solo como flecos anudadas en el margen de la pieza acabada. El artesano dibuja un patrón en los hilos de la urdimbre para guiar el trabajo. A continuación, el hilo de la alpaca u oveja se teje horizontalmente para crear el diseño deseado.

El telar de pedales usado hoy en día en Ayacucho es muy similar a los telares introducidos por los españoles durante la época colonial. La mayoría de los telares se construyen localmente por carpinteros que se especializan en este trabajo. El ancho de los tejidos producidos por telares pequeños es normalmente de unos 60 centímetros mientras que los telares grandes pueden resultar en piezas de 120 centímetros de ancho. A veces se construyen telares de mayor tamaño para proyectos especiales.

La mayoría de los tejidos creados antes de 1980 fueron hechos en telares pequeños y cuando se desee una mayor anchura, dos o más piezas tejidas por separado y se unieron al lado del otro (ver p. 37). Los tamaños más comunes para piezas que se cuelgan en la pared o para alfombras en la pared o para alfombras son de 60 x 90 cm llamado *pisos*, 60 x 150 cm pasadizos, y 120 x 150 cm llamado *frazadas* o *tapices*.

Alex Gallardo at the loom, 2008/*Alex Gallardo en el telar, 2008*

Boys learn weaving skills from their fathers or other relatives at an early age. By 8 or 9 years old they are assisting with simple tasks and by their teens able to weave without supervision. There is an informal apprenticeship period where they are given ever more responsibility as they develop proficiency. When they can work alone, they are paid by the piece for finished jobs. Wives and daughters help with washing and dyeing the yarns or plying them together, but rarely work on the loom; however in the younger generation this is gradually changing, especially if the family has no sons. Some younger weavers continue working in the family workshop under their father or uncle for many years while others work for neighbors or become independent artisans after marriage. They may then take on piecework for other artisans who have orders larger than they can easily fulfill themselves.

The master alone creates the designs and marks them on the warp. A signature is usually woven in during the weaving process. All work coming out of the workshop is signed with master's name regardless of who actually did the weaving, much like in Renaissance times. For many years Edwin Sulca still signed his weavings with the name "V Sulca" to honor his late father, just as he had done when Víctor Sulca was the master of the family workshop.

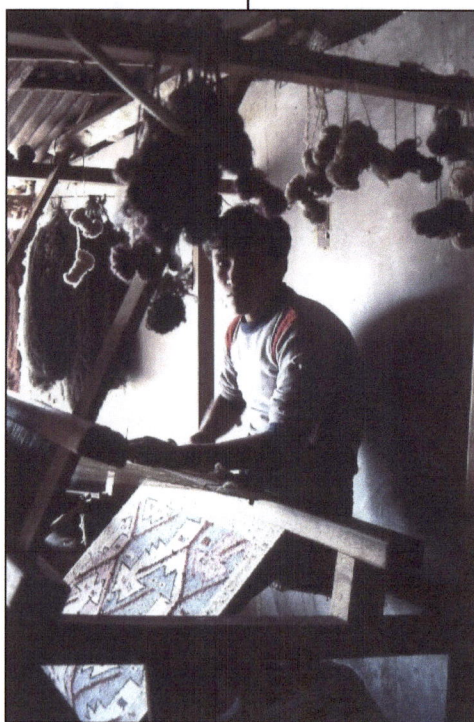

Young weaver/*Joven tejedor*

Los niños aprenden la destreza de tejer de sus padres u otros familiares a una edad temprana. Cuando llegan a su octavo o noveno año ya están ayudando con tareas más fáciles y cuando llegan a la adolescencia son capaces de tejer sin supervisión. Hay un período de aprendizaje informal donde se les da cada vez más responsabilidad a medida que desarrollan la habilidad. Cuando ya trabajan solos se les paga por pieza terminada. Las esposas e hijas ayudan con limpiar y teñir los hilos, juntándolos, pero raramente trabajan el telar. Sin embargo, esto está cambiando en la nueva generación de jóvenes, en especial entre familias sin varones. Algunos de los tejedores jóvenes continúan trabajando con sus padres o tíos durante muchos años, mientras que otros trabajan por vecinos o se convierten en artesanos independientes después de casarse. Así pueden ayudar a otros artesanos que tienen pedidos más grandes con lo que pueden cumplir fácilmente.

El maestro solo crea los diseños y los marca en la urdimbre. Una firma normalmente se inscribe durante el proceso del tejido. Todo el trabajo realizado en el taller tiene la firma del maestro aunque no se sabe en realidad quién hizo el trabajo, tal como lo hacían en la época del Renacimiento. Edwin Sulca siguió firmando sus piezas con "V Sulca" en honor a su padre, muchos años después de que él había fallecido, tal como Víctor Sulca lo hacía cuando era el maestro del taller familiar.

Woven in two vertical sections joined in the middle/ *Tejido en dos secciones verticales unidas en el medio*
"Diagonal Fish" 48x60," sheep's wool/ *"Pescados diagonal" 120x150cm, lana de oveda*, Eddie Sulca, 1986

"Tiahuanaco," 24 x 40"/*60 x 100 cm.* Alejandro Gallardo, 2004

6 Designs and Marketing
Diseños y mercadeo

Ayacucho weavings generally fall into two categories: original works or commercial copies of standard designs. The common or commercial ones are usually delegated to younger weavers to complete while the master will dye the yarns and supervise the work. They may be signed merely with initials or remain unsigned. Original designs on the other hand, require many hours of sketching, dyeing, and careful weaving. These pieces tend to be of higher quality in every respect, with each step done by the master himself; the weave may be tighter, the design more precise. Finer tapestries invariably will have a woven signature. A small weaving with a simple design may be finished in a few days while a larger piece with an original design may take many weeks to complete.

The most common designs for many years in the mid-to-late 20th century were

Rustic Llama (detail), undyed sheep's wool, 1980
Llama rústico (detalle), lana de oveja sin teñir, 1980

simple geometric and animal motifs based on patterns taken from traditional textiles and woven with un-dyed sheep's wool. With the growing interest in natural dye colors and more complex pre-Hispanic designs in the later decades of that era, the more talented artisans began using ideas from ancient

Los tejidos de Ayacucho se dividen en general en dos categorías: obras originales o copias comerciales de diseños populares. Las más comunes o comerciales se les entrega a los tejedores más jóvenes para completar mientras que el maestro se encarga de teñir los hilos y supervisar el trabajo. Pueden ser firmados con sus iniciales o ir sin firma. Los diseños originales, por otro lado, requieren muchas horas para dibujar, teñir y tejer

Weavers' signatures/*Firmas de los tejedores*

cuidadosamente. Estas piezas suelen ser de mayor calidad en todos los sentidos. Cada paso es realizado por el maestro mismo; el tejido es más firme y el diseño más preciso. Estos tapices finos siempre llevan una firma tejida. Un tejido pequeño con diseño simple se puede completar en unos días, mientras una pieza grande con diseño original podría tomar muchas semanas en completar.

Los diseños más comunes por muchos años, desde mediados hasta fines del siglo 20, eran motivos simples geométricos o de animales basados en patrones de textiles tradicionales y tejido con lana natural de ovejas. Con el interés creciente en tintes y diseños pre-hispánicos más complejos, los tejedores de más talento comenzaron a tomar ideas de textiles añejos encontradas en museos y libros, creando sus propias interpretaciones. Entre los más populares se encontraban

textiles seen in museums or books and creating their own interpretations. Among the more popular were bird, fish, and animal motifs from Paracas, Nazca, and Chancay fabrics. The weavers may not fully understand the original meaning these had for the ancients, but the images provide a connection to their heritage and often have contemporary significance attributed to them.

Chancay fish designs/*Diseños pescados de Chancay*

All T'oqapu Tunic (detail)/ Inka, Late Horizon,1450-1540 CE; Wool, cotton
Todo T'oqapu Túnica (detalle)/ Horizonte Tardío, De fibra de algodón y camélido.
© Dumbarton Oaks, Pre-Columbian Collection, Washington, D.C.

"Inca Calendar," Sheep's wool, woven by Alberto Jayo; design by Alejandro Gallardo, 2006 (detail)

"Calendario Inca," lana de oveja, tejido por Alberto Jayo; diseño de Alejandro Gallardo, 2006 (detalle)

motivos de aves, peces y animales de los textiles de Paracas, Nazca y Chancay. Puede que los tejedores no comprendían plenamente el significado original que estos diseños tenían para los antepasados, pero las imágenes proveen una conexión con su patrimonio y con frecuencia tienen la importancia contemporánea que le son atribuidas.

Los diseños inca denominados *tocapu* (figuras geométricas en bloques rectangulares) han sido y siguen siendo muy populares hasta hoy en día. Originalmente, estos patrones solo se usaban en túnicas de los nobles incas y algunos autores creen que los símbolos representaban un proto-alfabeto de la lengua quechua. Claramente tenían gran importancia porque solo los miembros de la sociedad de alto rango podían usarlos.

Inca with tocapu tunic/*Inca con túnica tocapu*
Guamán Poma de Ayala, 1615

La versión más típica hoy se denomina *Calendario Inca* (incorrectamente - los Incas no representaban su calendario de

Inca designs featuring *tocapu* (geometric figures inside rectangular blocks) have been well-liked and continue to be popular today. Originally, these patterns were reserved for the tunics of the Inca elite and there are some authors who believe that the symbols represented a proto-alphabet of the Quechua language. They clearly had great importance since only the highest-ranking members of society wore clothing that bore these symbols. The most typical version today is called *Inca Calendar* (incorrectly – the Inca did not represent their calendar this way). More complex and authentic versions of tocapu are now being woven.

"Tiahuanaco" with 'face/fret' motif (detail)
Alejandro Gallardo
"Tiahuanaco" con 'cara/traste' motif (detalle)
Alejandro Gallardo

Wari tunic designs are especially favored because the people of Ayacucho feel a kinship with the ancestral culture that ruled their region long ago. The strong abstract motifs and rich colors are among the most dramatic examples of current textile artistry. The 'greek key' and 'face/fret' imagery is

este modo). Se están tejiendo versiones más auténticas y complejas del *tocapu* en estos días.

Las túnicas de diseño Wari son especialmente preferidas por la gente de Ayacucho que sienten una afinidad por la cultura ancestral que gobernaba esa región hace muchos años atrás. Los fuertes motivos abstractos y colores vivos los caracteriza entre los ejemplos más dramáticos de arte textil

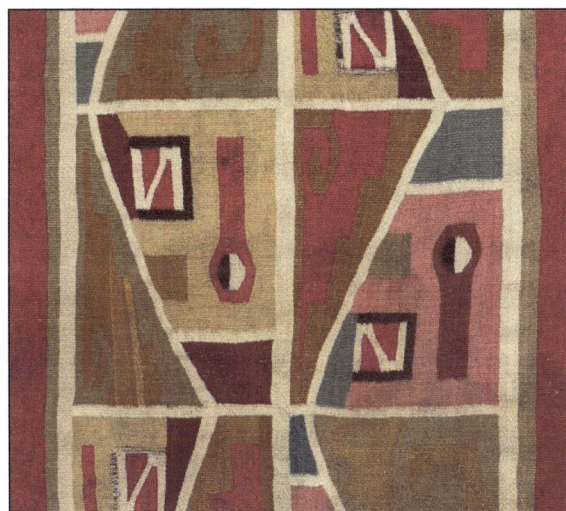

Wari tunic with profile heads and stepped frets (detail)/*Túnica Wari con cabezas de perfil y salió trastes, (detalle)* Dallas Museum of Art

actual. La 'clave griega' y 'cara/traste' es especialmente popular y mayor complejidad puede ser añadida con el efecto 'sol y sombra.' Este diseño da la impresión de un tapiz en el suelo debajo de una pérgola en un día soleado. Se necesita dos lotes de tinta separados, doblando el trabajo del tejedor, pero el efecto es notable (véase cubierta del libro y las páginas *xv* y 43).

Los Sulcas son reconocidos por sus experimentaciones con diseños. Además de los avances reactivando técnicas tradicionales (Capítulo 3), Ambrosio ayudó a cambiar la percepción de los tejidos de Ayacucho de la

especially popular and further complexity can be added with the 'sun and shadow' effect. This design gives the appearance of a weaving lying on the ground on a sunny day under a trellis. Two separate dye lots are required, doubling the work for the weaver, but the effect is striking (see cover and weavings on pages *xv* and 43).

The Sulcas are well known for their experimentation with designs. In addition to Ambrosio's breakthroughs in reviving traditional techniques (Chapter 3), he helped shift the perception of Ayacucho weaving from artisanship toward artistry. His sons maintained this trend, and his grandsons continue in this direction. The Sulcas also developed an imaginative variation on the two dimensional tapestry when they experimented successfully with producing the illusion of three dimensions by creating designs that appear to be ancient weavings that are folded, or as though they are carpeting a stairway. This achievement has led many others to follow their lead with similar compositions.

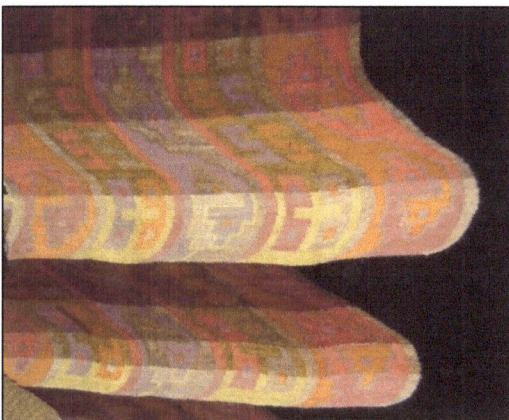

Folded design/*Un diseño plegado*, Alfonso Sulca

Ambrosio's grandson Edwin has created numerous original works that blend ancient Wari and Inca motifs with his personal imagery to communicate his hopes

artesanía hacia al arte. Sus hijos han mantenido esta percepción y sus nietos continúan en esa misma dirección. Los Sulcas desarrollaron una variación imaginativa del tapete bi-dimensional cuando experimentaron exitosamente produciendo la ilusión de tres dimensiones, creando diseños que aparenten ser tejidos antiguos plegados, o sea como si fueran alfombras en una escalera. Este éxito ha llevado a que otros también hayan intentado composiciones similares.

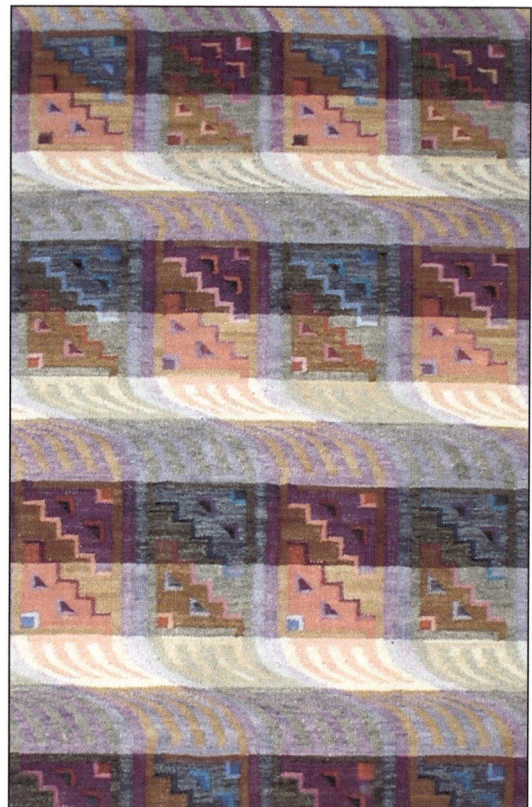

Stylized Puma Heads/*Cabezas de puma estilizado*

El nieto de Ambrosio, Edwin, ha creado numerosas obras originales con motivos Wari e Inca mezclados con imágenes personales para comunicar sus sueños y esperanzas. Muchas veces estos diseños únicos son inspirados por poemas que transmiten temas universales. Una de sus más

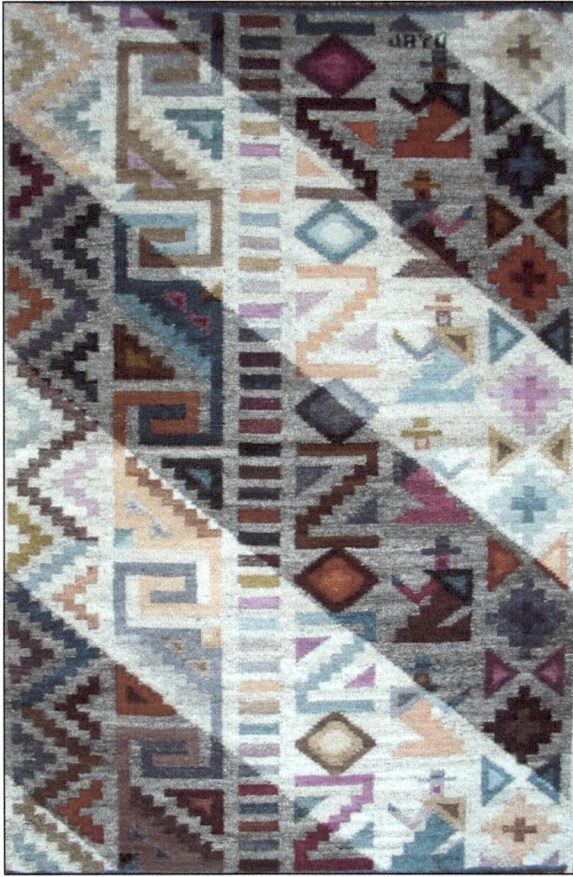

"Sun and Shadow," wool, 24 x 36", Alberto Jayo
"Sol y sombra," lana de oveja, 60 x 90 cm, Alberto Jayo

and dreams. He often produces unique designs inspired by poems that convey universal themes. One of his most remarkable works is based on "I Wish to be Like the Wind" by Ayacucho poet and musician Ranulfo Fuentes. The wind, representing Sulca's hope for peace after the civil war, is shown as a winding ancient textile with a human head. The figure rises above dark, threatening symbols of fear and violence as it reaches for the sky, where a white dove hovers above all (see photo on page 27).

The Santa Ana pride in artisanship sometimes makes it difficult for the weavers, pursuing traditions of quality developed over generations, to sell their finer works locally. While they may copy or repeat familiar

notables obras se basa en "Quisiera ser como el viento" del poeta y músico ayacuchano Ranulfo Fuentes. El viento, representando la esperanza que Sulca tenía para la paz después de la guerra civil se muestra como un devanado textil antiguo con una cabeza humana. La figura se eleva por encima de símbolos oscuros y amenazadores de violencia y temor llegando al cielo donde la espera una paloma blanca (ver la foto de la página 27).

A veces es difícil para los tejedores vender sus trabajos más finos localmente, ya que el orgullo por su artesanía, desarrollado a través de generaciones en Santa Ana, hace que estos tapices sean más caros. Si bien puedan copiar o repetir patrones familiares, ellos pasan a menudo mucho tiempo desarrollando diseños originales o variaciones personales de

"Inca Tocapu," 24 x 40", alpaca, Alejandro Gallardo, 2008/*Tocapu inca," 60 x 100cm, alpaca, Alejandro Gallardo, 2008*

patterns, they often spend a great deal of time developing original designs or personal variations of ancient ones. Because of their desire to achieve artistry in every aspect of their craft, their works command high prices and can be much more expensive than weavings done with less care. The time needed to create the design, choose the best yarns, carefully dye them with natural materials, and then weave complex patterns, necessitates a higher price than lesser quality pieces require. They are often faced with the dilemma common to many artists: whether to quickly produce commercial work which puts food on the table, or devote more of their time to true artistry, which may be difficult to sell for the price it deserves.

A potential barrier to sales is the long-standing attitude common to many previously colonized societies that devalues the local cultural legacy in favor of foreign styles. This is a remnant of colonial era prejudice that regarded indigenous artistic achievements as less worthy of respect than those brought by Europeans. With the rise of a greater appreciation for native cultures in recent years, this disdain for traditional arts is waning, but remains widespread among many who could afford to purchase beautiful works of hand-crafted artisanship.

As a result, the market for fine Ayacucho weavings is often limited to foreign importers or specialty galleries in Lima or Cuzco where buyers (often foreigners) have an appreciation of textile artistry and expect to pay a higher price for original designs and the best quality. To appeal even more to an upscale collectors market, some weavers are now working only with alpaca yarn, which is much more expensive than sheep's wool. The rich colors that can be achieved with natural

los antepasados. Debido a su deseo de alcanzar maestría en cada aspecto de su arte, sus obras alcanzan precios altos y pueden ser mucho más caros que los tejidos hechos con menos cuidado.

El tiempo necesario para crear el diseño, elegir los mejores hilos, teñirlos cuidadosamente con materiales naturales y después tejer patrones intrincados, requiere un precio más alto que lo que se paga por piezas de menor calidad. A menudo enfrentan el dilema común a muchos artistas: producir rápidamente trabajos comerciales que ponen comida en la mesa, o dedicarse a crear una pieza de arte que puede ser difícil a vender por el precio merecido.

Un obstáculo potencial a las ventas, es la actitud común entre muchas sociedades previamente colonizadas que devalúa el legado cultural local en favor a estilos forasteros. Esto es vestigio del prejuicio que existía en la época colonial que consideraban los logros artísticos indígenas de menor valor al europeo. Con el surgimiento de un mayor reconocimiento por las culturas nativas en los últimos años, este desdén por los artes tradicionales se está desvaneciendo, pero sigue estando muy extendida entre los muchos que podrían permitirse el lujo de comprar hermosas obras de artesanía hecha a mano.

Como consecuencia, el mercado para los tejidos finos de Ayacucho, se limita a menudo a importadores extranjeros o galerías de especialidad en Lima o Cuzco donde la clientela (frecuentemente extranjeros) tiene un reconocimiento del arte textil y puede llegar a pagar un precio más alto por diseños originales y de mejor calidad. Para atraer este mercado exclusivo de coleccionistas, algunos tejedores trabajan únicamente con hilos de

dyes tend to be soft and harmonious, but take longer to penetrate the alpaca fibers, adding to the time needed to produce the finest work.

"Tiwanaku Condors," 35 x 39," alpaca,
Alex Gallardo, 2013
"Cóndores Tiwanaku," 90 x 100 cm, alpaca,
Alex Gallardo, 2013

At the same time, cheaper commercial yarns, including synthetic fibers, are becoming more commonly used for lesser quality pieces quickly woven with gaudy colors and in crude versions of popular designs. These knock-offs in the Ayacucho style often are not even produced in the region; rather they are brought in for sale to tourists who may not recognize the difference. They are even sold by vendors in booths right in front of the homes of the Sulcas and Gallardos on the Plazuela Santa Ana, as well as in shops and handicraft markets all over Perú.

alpaca que es mucho más costoso que la lana de oveja. La riqueza de color que se puede lograr con tintes naturales tiende a ser suave y armoniosa, pero necesitará más tiempo para penetrar en las fibras de alpaca, prolongando el tiempo para cumplir la más fina obra.

Al mismo tiempo, hilos comerciales más baratos, incluyendo fibras sintéticas, son cada vez más usadas para piezas de menos calidad. Estas piezas traen colores chillónes y son versiones crudas de diseños populares. En efecto, muchas de estas imitaciones, al estilo de Ayacucho, ni se producen allí. Los traen a venderlos a turistas que no saben la diferencia. Incluso se venden en puestos en frente de las casas de los Sulcas y los Gallardos en la Plazuela Santa Ana, así como en las tiendas y mercados artesanales por todo el Perú.

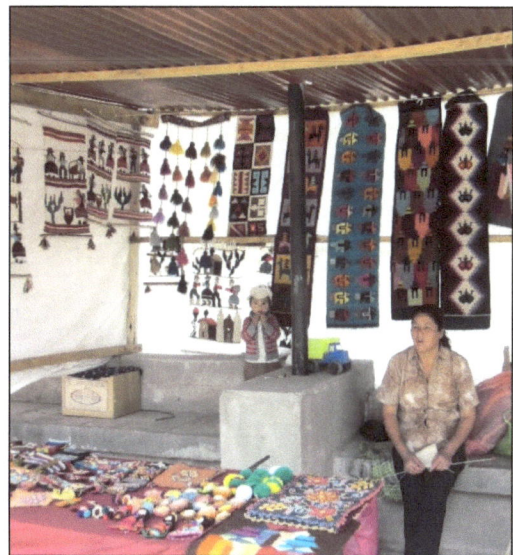

Vendor selling cheap handicrafts, Santa Ana Plaza
Vendedor de artesanía barata en la Plaza Santa Ana

"Andean Reminiscence II," 32 x 47," Máximo Laura
"Reminiscencia andina II," 80 x 120cm, Máximo Laura
Courtesy Máximo Laura / *Cortesia de Máximo Laura*

7 New Directions
Nuevas direcciones

While there has always been a tremendous respect for tradition among Ayacucho weavers, there has often been some interest in trying new ideas or moving in different directions. We have seen how new materials, tools, and designs have reflected changes in society. However, the dramatic changes brought by modernization in recent years have impacted Santa Ana in ways that may threaten the continuity of their weaving heritage. On the other hand, there are exciting new opportunities not previously dreamed of.

It is now easy to fly from Lima to Ayacucho in 60 minutes instead of enduring the 12 hour bus ride over tortuous mountain roads as in the past. Homes now have electricity and running water, and many have computers with internet connections. Children can expect to complete primary education in Santa Ana, while secondary and even university schooling is now commonplace. Invitations to sell or exhibit their work in Europe or North America are possible. There are even examples of weavers, retablo makers, and ceramicists who have established their own galleries in Lima, Cuzco, and the United States.

The challenges of making and selling high-quality tapestries have discouraged some younger members of the weaving families from continuing to try to make a living in the traditional way. Or the prospect of wider horizons may encourage them to look for different opportunities outside of Ayacucho.

Aunque los tejedores de Ayacucho siempre han tenido un enorme respeto por la tradición, a menudo sí han tenido cierto interés en experimentar con nuevas ideas o moverse en direcciones distintas. Hemos visto como materiales nuevas, herramientas y diseños han reflejado cambios en la sociedad. Sin embargo, los cambios dramáticos causados por la modernización en los últimos años han impactado Santa Ana de manera que amenaza la continuidad de su herencia como tejedores. Por otro lado, ofrece nuevas oportunidades que antes no se había soñado.

Ahora se puede llegar a Lima en 60 minutos por avión, en vez de soportar 12 a 24 horas en autobús a través de caminos tortuosos por las montañas como se hacía en el pasado. Las casas tienen electricidad y agua potable, y muchos de ellos tienen computadoras con conexiones a internet. Los niños pueden cumplir su primaria en Santa Ana y se considera normal la educación secundaria y hasta ir a la universidad. Hay la posibilidad de ser invitado a vender o exhibir trabajos en Europa o los EE. UU. Incluso hay ejemplos de tejedores, retablistas y ceramistas con sus propias galerías en Lima, Cuzco y los EE. UU.

Los retos de hacer y vender tapetes de alta calidad han desalentado a algunos miembros jóvenes de estas familias de continuar su vida en esta ocupación tradicional. O la perspectiva de horizontes más amplios puede alentarlos a buscar diferentes oportunidades fuera de Ayacucho.

Alejandro Gallardo's son Alex earned a university degree in archeology and hopes to find employment in that field. He continues to weave in his father's workshop, and has produced a series of striking alpaca tapestries with Wari and Tiwanaku influences, but imagines his future working as a professional archeologist. This would almost surely mean leaving Santa Ana permanently. Edwin Sulca also trained at the university. He now has numerous business interests besides weaving, and is often away from home on business. That means fewer unique designs will come from his loom in the future.

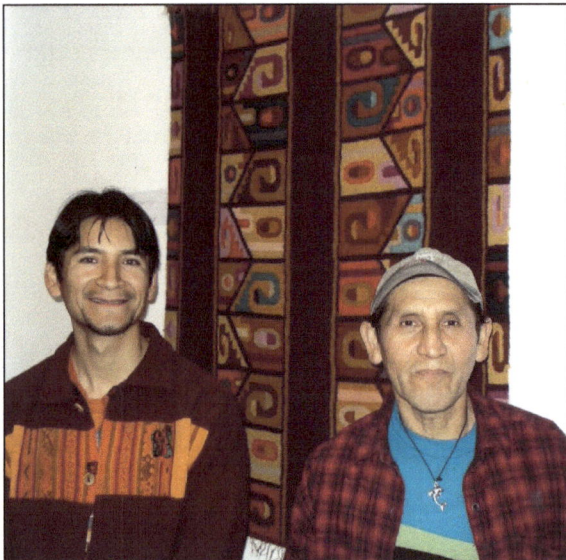

Alex Gallardo, Alejandro Gallardo, 2008

The growth in tourism in recent years has brought more tourists to Ayacucho and tour groups visiting Santa Ana are now a daily occurrence. Many travelers want to visit the weaving workshops and some find it more meaningful to purchase a fine piece directly from the creator rather than a cheap souvenir from a commercial vendor.

El hijo de Alejandro Gallardo, Alex, ha obtenido un título universitario en arqueología y espera encontrar empleo en este campo. El continúa tejiendo en el taller de su papa y ha producido una serie de tapices de alpaca de influencia Wari y Tiwanaku pero imagina su futuro trabajo profesional como un arqueólogo. Esto significaría casi por seguro salir de Santa Ana permanentemente. Edwin Sulca, que también se formó en la universidad, tiene otros negocios además del tejido. Sale de casa a menudo para atender sus negocios. Eso significa menos diseños únicos de su telar en el futuro.

El crecimiento del turismo en los últimos años ha atraído a muchos viajeros a Ayacucho y grupos de turistas visitando Santa Ana ocurre diariamente. Muchos viajeros quieren ver los talleres donde se hacen los tejidos, y para algunos les resulta más significativo comprar una pieza fina directamente del creador en lugar de un recuerdo barato de un proveedor comercial.

A corta distancia de la Plazuela Santa Ana está el Museo Textil creado por un esfuerzo local. Se sitúa cuesta arriba de la plazuela, entre un grupo de pequeños edificios encantadores. Ofrece al visitante la oportunidad de ver todas las etapas del proceso de tejer e incluye una galería de obras de diversos artesanos. La esperanza es que una red colectiva de tejedores de Santa Ana podría comercializar sus trabajos mejor y quizás ofrecer tours, clases y talleres como se está llevando a cabo con éxito en algunas comunidades tradicionales cerca de Cuzco. Sin embargo, algunos destacados tejedores prefieren trabajar independientemente.

A local effort has created an Ayacucho Textile Museum in a charming group of small buildings a short distance uphill from Plazuela Santa Ana. It offers the visitor the chance to see all stages of the weaving process, and includes a gallery of works by different artisans. The hope is that a collective network of Santa Ana weavers can better market their work and perhaps offer tours, classes, and workshops as is being done successfully in some traditional communities near Cuzco. However, some prominent weavers prefer to work independently.

In addition to tourism, easier access to communications technology has created possibilities for reaching new markets and for innovative means of engaging customers. It is possible that the weavers will begin to use their internet connections to launch their own online galleries and sell directly to buyers who never visit Ayacucho or Peru. At present they have mostly been content to sell their work through middlemen, exporters and wholesalers who sell handicrafts from numerous artisans on commercial websites, rather than establish their own.

A prominent and extraordinary example of someone who has stretched the boundaries of Ayacucho tradition and is creating an impressive body of work is Máximo Laura. A fifth-generation master weaver, Maximo learned his skills in his father's workshop, but left Santa Ana in 1980 to attend university in Lima. He established himself permanently in the capital and developed a unique style that has won national and international acclaim. Laura draws inspiration from the textiles created by many of the ancient indigenous cultures including Chavín, Paracas, Wari, and Chancay.

Ayacucho Textile Museum/*Museo Textil Ayacucho*

Además del turismo, el acceso a la tecnología ha creado posibilidades de llegar a nuevos mercados y buscar maneras innovadoras de atraer nuevas clientes. Es posible que los tejedores, por medio de la red, podrán poner en marcha sus propias galerías vendiendo directamente a compradores que no han visitado ni Ayacucho ni el Perú. En la actualidad ellos están conformes vendiendo sus trabajos a través de intermediarios, exportadores y mayoristas que venden para numerosos artesanos por la red comercial, en vez de crear su propia red.

Un ejemplo prominente y extraordinario de alguien que ha transcendido los bordes de la tradición Ayacucheño y está creando un impresionante cuerpo de trabajo es Máximo Laura. Un tejedor maestro de la quinta generación, Máximo adquirió sus habilidades en el taller de su padre pero salió de Santa Ana en 1980 para asistir a la universidad en Lima. Se estableció permanente en la capital y desarrolló un estilo único que ha ganado reconocimiento nacional e internacional. Laura toma su inspiración de muchos de los textiles creados por las culturas indígenas tales como Chavín, Paracas, Wari, y Chancay.

Su trabajo en la alpaca es rica en colores y expresa su visión artística en "…un

His work, entirely in alpaca, is rich in bold, vibrant colors and expresses his artistic vision in "…A language that emanates spirituality, aesthetic beauty and lyricism," as one critic has said. Máximo has won numerous prestigious awards, including being named a "Living Human Treasure" of Peru in 2011. He has produced a remarkable number of tapestries, creating more than 3,000 individual designs, many quite large, and has opened a museum and gallery of his work in Cuzco.

lenguaje que emana espiritualidad, belleza y lirismo," según un crítico. Máximo ha ganado numerosos premios de gran prestigio, entre las que se denomina "Tesoros humanos vivos" del Perú en el año 2011. Él ha producido un número notable de tapices, creando más de 3,000 diseños individuales, algunos bastante grandes y ha abierto una galería y museo de sus obras en Cuzco.

Máximo Laura puede ser el modelo para el éxito en el futuro de la tradición ayacuchana. Sus diseños toman temas

Máximo Laura, 2013

Máximo Laura may be the model for future success in the Ayacucho tradition. His designs take ancient themes and invest them with audacious personal interpretation.

antiguos y les dan interpretaciones personales audaces. Con su taller en Lima es más accesible a clientes importantes, y con su museo y galería en Cuzco su trabajo está en el centro del destino turístico más importante

"Sacred Praises in the Jungle," 71 x 122" / *Alabanzas sagradas en la jungla" 180 x 310*

Alpaca weavings by
Máximo Laura
*Tejidos de alpaca de
Máximo Laura.*
Courtesy / *Cortesia de*
Máximo Laura

"Voices of the
Water Goddess III,"
48 x 60"
*"Voces de la
diosa agua III"
120 x 150*

Locating his workshop in Lima makes him more accessible to important customers. His museum and gallery in Cuzco puts his work front and center in the most important tourist destination in Perú. He uses an excellent website to market his work worldwide, and he encourages the next generation by taking time to teach young weavers and help them develop their skills. Yet he retains his connection with his roots by supporting the work of the Textile Museum in Santa Ana.

Ancient greek-key motif in a brilliant contemporary design/*Antiguo motivo griego clave en este brillante diseño contemporáneo* "Andean Reminiscence II," detail *"Reminiscencia andina II," detalle. Máximo Laura*

Inevitably this kind of adaptation to modernity will change Santa Ana and the rich community life developed over centuries. But the weavers of Ayacucho are resilient and have survived greater challenges in the past. They will surely be guided by enduring bonds to their ancestral traditions that continue to inspire their artistry.

del Perú. Usa un sitio web excelente para hacer ventas de sus piezas mundialmente. Además, alienta la nueva generación enseñando a estos jóvenes tejedores a desarrollar sus destrezas. También, mantiene su conexión con sus raíces mediante el apoyo el trabajo del Museo Textil en Santa Ana.

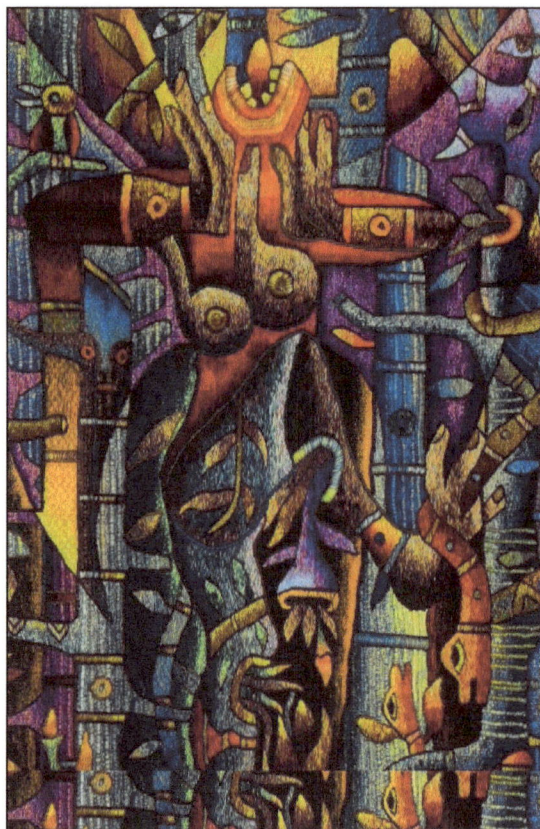

'Sacred Praises in the Jungle," detail *"Alabanzas sagradas en la jungla," detalle Máximo Laura*

Es indudable que la adaptación a la modernidad cambiará a Santa Ana y la rica vida comunitaria desarrollada a través de los siglos. Pero los tejedores de Ayacucho son resistentes, y han sobrevivido retos más difíciles en el pasado. Seguramente se guiaran por los lazos duraderos a sus tradiciones ancestrales que continúan inspirando su arte.

Emiliano Gallardo and wife Julia/*Emiliano Gallardo y su esposa Julia;* 1986

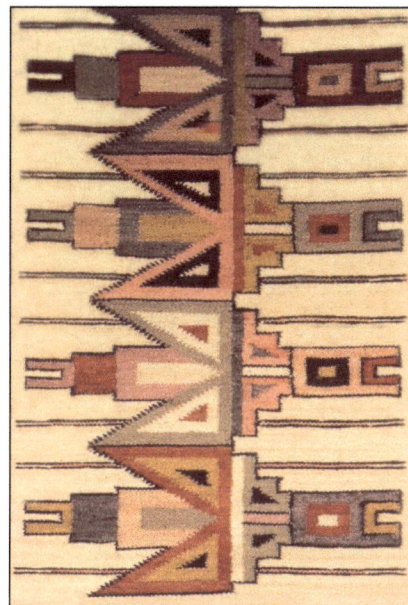

"Fireflies," Sheep's wool, 24 x 36"
Emiliano Gallardo/*"Luciernagas," lana de oveja, 60 x 90 cm, Emiliano Gallardo*

Edwin Sulca with a customer from Hawai'i 2008.
Edwin Sulca con un cliente de Hawai 2008

"Weaving Life,"
Sheep's wool, 48 x 56,"
1996
"Tejiendo la vida," lana de oveja, 120 x 142 cm, 1996

References / *Referencias*

Anton, Ferdinand. *Ancient Peruvian Textiles*, (Thames and Hudson, New York, 1987).

Bergh, Susan E. *Wari, Lords of the Ancient Andes*, (Thames and Hudson, New York, 2012).

Cahandler, Adele. *Double Woven Treasures from Old Peru*, (Dos Tejedoras, St. Paul, 1985).

Donnan, Christopher B. *Moche Art of Peru: Pre-Columbian Symbolic Communication,* (Museum of Cultural History, University of California, Los Angeles, 1978).

Feltham, Jane. *Peruvian Textiles* (Aylesbury Bucks, UK: Shire Publications, 1989).

Guamán Poma de Ayala, Felipe. *Nueva corónica y Buen gobierno* 1615, (Biblioteca Ayacucho Digital, Caracas, Venezuela).

Hemming, John. *The Conquest of the Incas*, (Pan Macmillan, London, 1970).

Hu, Di. "Spanish Obrajes and the Decline of Late Intermediate Period Ethnic Identities," *2008 Tinker Summer Research Report*, Center for Latin American Studies, UC-Berkeley, (2008), http://clasarchive.berkeley.edu/Research/graduate/summer2008/Hu/index.html

King, Mary Elizabeth. *Ancient Peruvian Textiles From the Collection of the Textile Museum, Washington, D.C.* (The Museum of Primitive Art, New York., 1965).

La Serna, Miguel. *Corner of the Living: Ayacucho on the Eve of the Shining Path Insurgency*, (University of North Carolina Press, 2012).

Lanning, Edward P. *Peru Before The Incas*, (Prentice-Hall, Englewood Cliffs, 1967).

Meisch, Lynne A., ed. *Traditional Textiles of the Andes: Life and Cloth in the Highlands*, (Thames & Hudson/Fine Arts Museums of San Francisco, New York, 1997).

Palmer, David Scott, ed. *The Shining Path of Peru* (St. Martin's Press, NY, 1992).

Sawyer, Alan R. *Tiahuanaco Tapestry Design*, (Museum of Primitive Art, New York, 1963).

Stone-Miller, Rebecca R. *To Weave for the Sun: Ancient Andean Textiles in the Museum of Fine Arts, Boston,* (Thames & Hudson, Limited, New York, 1994).

VanStan, I. *The Fabrics of Peru*, (F. Lewis Publishers, Leigh-On-Sea, 1966).

Addresses / *Direcciones*

Weavers / *Tejedores*

Alejandro Gallardo Llactahuaman
Galería Latina
Plazuela de Santa Ana 105
Ayacucho, Perú
Tel: (066) 311-215/ 999 400 445

Emiliano Gallardo Llactahuaman
Plazuela de Santa Ana 607
Ayacucho, Perú

Alexander Gallardo Pinco
Galería Latina
Plazuela de Santa Ana 105
Ayacucho, Perú
Tel: (066) 311-215/ 999 400 445
wari39@hotmail.com

Máximo Laura
(Laura Tapestry Workshop)
Urb. Brisas de Santa Rosa III Etapa,
Mz. i, Lote 17, San Martin de Porres
Lima 31 - Perú
Tel: (+511) 577-0952
E-mail: *maximolaura@maximolaura.com*
Website: *http://www.maximolaura.com/*

Museo Máximo Laura
Calle Carmen Alto 133, San Blas,
Cusco - Perú
Tel: (+51 84) 227-383
Website: *http://www.museomaximolaura.com/*

Alfredo Jayo Rojas
Av. Las Palmeras 130
La Unión, Santa Ana,
Ayacucho, Perú
Tel: (066) 527-338
Email: *wari_jayo@hotmail.com*

Saturnino Oncebay Pariona
Jirón París N° 600
Santa Ana, Ayacucho, Perú
Tel: (066) 401-703

Marcelino Pomataylla Bautista
Jr. Paris #152
Barrió Santa Ana
Ayacucho, Perú
Tel: (066) 317132/ 96689 7288

Alfonso Sulca Chavez
Plazuela de Santa Ana 83
Ayacucho, Perú
E-mail: *tapizsulca@yahoo.es*
Tel: (066) 312-990

Gregorio Sulca Chavez
Galería Wari
Mariscal Cáceres 302
Santa Ana
Ayacucho, Perú
Tel: (066) 312-529

Edwin Sulca Lagos
Las Voces del Tapiz Gallería
Plazuela de Santa Ana 82
Ayacucho, Perú
Tel: (066) 314–243

Other / *Otro*

Ayacucho Textile Museum
Museo Textil Ayacucho
Jirón Primavera s/n, sector San José
Barrió Santa Ana,
Ayacucho Perú
Tel: (066) 528-052
Email: *museotextilayacucho@hotmail.com*
Website: *www.museotextilayacucho.org/*

Mari Solari
Galería Las Pallas
Calle Cajamarca 212
Barranco
Lima 4, Perú
Tel: (1) 477-4629
Website: *www.laspallas.com.pe/*

Gallery / *Galería* Kuntur Huasi
Ocharan 182 Miraflores
Lima, Perú
Tel: (1) 444 0557/ 9809-2056

Artesanias Andinas Lima S.A.C
(AAAALima - handicraft exporter)
Av. La Florida 529 - Lima 8 - Perú
Tel – Fax : (+ 511) 358 0422/ 972 250472
Email: *info@aaaalima.com*
Website: *www.aaaalima.com*

Tom Sheeran

The author is an educator who has lived in Hawai'i since childhood. In addition to teaching, he spent a dozen years working as a deckhand and navigation officer on scientific research vessels. This travel created opportunities to visit many pre-Columbian sites in Latin America. These ancient societies have been a longstanding source of fascination. Other interests include HIV/AIDS advocacy, photography, and cooking.

He is the owner of Costasur Imports which has imported handicrafts, folk art, and fine textiles from Perú and México since 1980. He is currently an instructor in the Osher Lifelong Learning Institute at the University of Hawai'i at Mānoa.

El autor es un educador que ha vivido en Hawai'i desde la infancia. Además de la enseñanza, pasó una docena de años de trabajo como marinero a bordo de buques de investigación. Esto le permitió viajar extensamente, incluyendo visitas a muchos sitios de América Latina de las antiguas sociedades precolombinas que han sido un interés permanente. Otros intereses incluyen la defensa contra el VIH/SIDA, la fotografía, y la cocina.

Él es el dueño de Costasur Imports que ha importado la artesanía, el arte popular, y finos textiles del Perú y México desde 1980. Actualmente es instructor en el Osher Lifelong Learning Institute (el Instituto Osher aprendizaje de toda la vida) de la Universidad de Hawai'i en Mānoa.

www.ingramcontent.com/pod-product-compliance
Lightning Source LLC
Chambersburg PA
CBHW060802270326
41926CB00002B/63